最是人间少年狂

十六位唐宋文豪的沉浮人生

桃气 著

作家出版社

前言

　　各位朋友们，素未谋面，又仿佛相识已久，很高兴以这样的方式再一次见面了。

　　在小红书参加人文活动的前半年，我获得了新晋博主的第一名，其间，我讲了许多和历史相关的话题，从那一刻起，我萌生了写一本书的想法。这对于大洋彼岸南半球的我，是动力也是使命。

　　各种类型的澳大利亚博主有不少，中国历史文化类的似乎只有我一个，但我并不孤单，因为每次视频发布以后，收到的回应让我觉得这一切值得，原来这世界每一个角落都有人在热爱和关注着我们的历史文化、古圣先贤、文人墨客、精神领袖……

　　写作用了两年的时间，这两年时间我放弃了很多其他业余爱好，因为一旦投入到文豪们的"人生历程"中，我便深深地动情和共情，再也无法分心去兼顾其它事情。

　　这本书里我写了十六位唐宋文豪波澜壮阔的一生。十六位文豪的人生，我跟他们分别走了一遍，每一次同行都是一次自我救赎。

十六位唐宋顶级文豪告诉我们，人生不是只有一种活法。他们嬉笑怒骂，他们有信仰，他们倾尽一生去完成一件事情，长久而深切地爱一个人，对家国的使命胜过一切，贯穿一生。

朝堂洗牌的时候，他们也曾沦为牺牲品。我常常在想，到底是什么，让他们在被时代抛弃后又再次获得了重生？为什么他们那样坚强，我们却这样脆弱？为什么他们相信信仰，我们却迷失于世俗？为什么他们有着那样巨大的能量，我们却走不出焦虑和内耗？

在他们的文字和人生轨迹里，我找到了答案。

书里的主人公们，也许跟以前我们所认识的他们有点不一样：李清照不只哀婉缠绵，也忧国忧民；韦应物在成为顶流诗人之前曾是街霸恶少；辛弃疾蓦然回首，追寻的伊人竟是他自己；白居易《长恨歌》的原型竟然是他自己和初恋；元稹的深情之作背后却有着不能说的秘密；苦大仇深的杜甫戏谑起人来，也别有一番趣味……

所有的文学作品都要与时代紧密相连，才是丰富的、饱满的、有意义的。唐诗宋词也一样，每一句诗词的背后都是历史，只有把它们与历史结合起来去讲，才具有它们本来的生命力。

安史之乱连接着许多人的命运：张九龄无力阻止李隆基对安禄山的放任，杜甫在战火中书写人间疾苦，韦应物在时代崩塌后重塑自我。

靖康之变后，陆游一生为北伐游走，临终之言是"王师北定中原日，家祭无忘告乃翁"；辛弃疾不得已放下刀剑，只能梦回吹角连营；李清照身出名门，历经国破家亡，心中所系的不是个人命运，而是对

国家统一的关注。

许多个傍晚，我坐在悉尼的某座写字楼里，黄昏的余晖透过大玻璃窗，洒满了办公室，下班后整座楼格外安静，那是属于我的写作时间：写苏轼的"小舟从此逝，江海寄余生"，写杜甫的生命消逝在回归故乡的小船上，写辛弃疾大喊杀贼后溘然长逝……

记不清有多少次，在写到他们生命终结的那一刻泪如雨下。

大师云集的时代，过去了就再也不会归来。什么是大师，就是同时具有令人无法抗拒的人格魅力和顶级专业能力的人。 不会归来，但我们仍疯狂地想念他们。他们的神奇之处就在于，即使经过了上千年的岁月，还在治愈今天的我们，帮我们减少内耗，杜绝焦虑，寻找出路。

关于书名，前后想了十几个，最终我选择了《最是人间少年狂》这个名字。都说"人不轻狂枉少年"，书中的这些人物也都曾"狂"过，但是这份"狂"，不是狂妄，也不是猖狂，而是一种对国家、信仰、爱情和使命的痴狂，人这一生能够为某件事情痴狂一回，是多么幸福的事啊！我想正是因为他们的这份长久而炽热的痴狂，才得以矗立在时代的顶峰，才让历史有了温度和颜色。

他们值得一千次一万次地去回望，他们没有也不会湮没在历史的尘烟里。

桃气

2024 年 5 月 30 日于悉尼

目　录

张九龄

草木有本心，何求美人折

——我的价值无须他人定义

"草木有本心，何求美人折。"曾经在某景点新铺的草坪上看到这句诗以标语的形式出现，似乎是在提醒游人们爱护花草。可事实上，这句诗与爱护花草没有半点关系。草木并非草木，美人也非美人。作为《唐诗三百首》的开篇之作，它的故事一定不简单。当我翻遍那一摞摞厚厚的史册，果然发现看似风轻云淡的诗句背后竟然隐藏着那么多血泪与悔恨交织的前尘往事。

· 1 ·

公元 736 年的春天对于安禄山而言，绝对是生命中的惊魂时刻。他因征讨契丹作战失败，被押送至京等候唐玄宗李隆基的处置。

然而李隆基还未作出最后的判决，便接到了宰相张九龄的奏本：

> 九龄奏劾曰："穰苴出军，必诛庄贾；孙武教战，亦斩宫嫔。守珪所奏非虚，禄山不宜免死。"
>
> ——《旧唐书·张九龄传》

他苦劝皇上："安禄山必须死，他远远比你想象得更可怕。如果今天放虎归山，将来一定是个大麻烦。"

很早之前张九龄就预言："乱幽州者，此胡雏也。"

可是没人相信，有的不敢相信，有的不想相信，有的懒得相信。

这次是安禄山自己犯了错，是多么难得的将其铲除的机会。可是张九龄防得了狼，防得了贼，却防不了自己的顶头上司——李隆基。

李隆基摆手否决："这么难得的人才杀了多可惜，不如留着戴罪立功。"

张九龄坚持："安禄山违反军纪导致兵败，不可不杀，他面有谋反之相，不杀后患无穷。"

> 禄山失律丧师，于法不可不诛。且臣观其貌有反相，不杀必为后患。
>
> ——《资治通鉴·唐纪》

可皇上只冷冷地撂给他一句话："我劝你不要冤枉了忠良之人。"

卿勿以王夷甫识石勒，枉害忠良。

——《资治通鉴·唐纪》

有着二十多年治国经验的李隆基相信，万国来朝的开元盛世，国力达到了前所未有的强大繁荣，就算是有人反，也翻不出什么大浪。

令张九龄失望的是安禄山不但没有被治罪，反而以其灵活机变的社交手段与唐玄宗、杨贵妃走得越来越近，甚至拜了比自己还年轻二十多岁的杨贵妃为干妈……

也有人说张九龄仅凭面相和直觉就下论断，也未免太武断了。

他相信三年五载安禄山不会生出什么祸端，但谁敢保证永远的风平浪静？普通人在漫长的人生历程中都有可能面目全非，更何况是深陷历史漩涡中的主角，他们被各种政治因素、军事力量、利益得失、生死存亡、权力纷争紧紧钳制，谁敢保证永远的清白。

这世上最可怕的是什么人？是没有做人底线却拥有野心和实力的人。安禄山就是这样的人，再加上强悍的社交能力，他一步步走进权力中心。

安禄山很早就拜了上司张守珪当干爹，但他远不满足，继续拜了皇上当干爹。他不惜花重金贿赂朝中要员，这些人在皇上面前说尽了安禄山的好话，最终获得了玄宗对他的绝对信任。信任到什么地步？不仅把安禄山全家上下加封晋爵，还把自己的皇孙女许配给了安禄山的二儿子安庆绪。

也许安禄山当时不一定真的想反，但是他已露出的那一点苗头，让张九龄断定，日后只要有一丝其他力量的助推，安禄山一定是最不

安分的那团火焰，因为这个人浑身上下释放着一个信号："谁点燃我，我就燃烧这个世界。"

张九龄未必真的能从一个人的相貌和言行中预测出未来的局势，但是他了解大唐的每一次风吹草动，历史的无数次教训告诉他，封疆大吏的力量一旦加持到一定程度，后果将会不堪设想。

他只是想尽一切办法将隐患扼杀在萌芽时期，防患于未然。

果然在后来与杨国忠的权力争夺中，安禄山一步步走向反叛。

在我们普通人眼里，杨国忠只不过是一个靠裙带关系上位的软饭男，更何况是在安禄山这样的实力派面前：论才华，安禄山是名副其实的学霸，精通契丹语、波斯语等六种胡语；论才艺，他舞艺过人，《旧唐书》中说他"至玄宗前，作胡旋舞，疾如风焉"；论资历，他投身军旅二十载有余；论战功，他骁勇善战，屡建功勋；论社交能力，他处事灵活，善于结交……

而杨国忠除了有皇上这个靠山，没有任何拿得出手的技能，平庸无能，在安禄山面前更显得黯淡无光。

对于杨国忠的宰相之位，安禄山是不服，也不屑的。

两人暗自较劲周旋：杨国忠有宰相之位，但没有兵权在手；安禄山是节度使，手里握着的是实实在在的兵权。

杨国忠只好向皇上告状，说安禄山会造反。这可触怒了安禄山，两人的争宠大战愈演愈烈，而杨国忠的敌意也给了安禄山出兵的借口，安史之乱就这样来了。

当暴徒的怒火被激发到顶点，当这个人恰好又拥有着绝对的力量，血雨腥风是迟早的事。

十九年后，安史之乱爆发，安禄山在范阳起兵谋反。他果然反了，如张九龄所料。

历经了七年多的战乱，唐玄宗李隆基也为自己当初的决策付出了难以估量的代价。曾创下辉煌时代的一代天骄在从长安仓皇逃向蜀地的途中，在经历了马嵬坡兵变之后，在失去了皇位之后，在四川停留的那些凄然悲怆的夜里，他无数次地想起了当年张九龄在他面前的坚持，那看向他时满含热泪的双眼，那失望却又无可奈何的眼神，他不禁泪如雨下。

然而他再也无法和他诉说这一切了，因为在安禄山当年被赦免死罪的四年后，也就是安史之乱爆发的十五年前，张九龄就已经永远地离去了。这世界上最难消解的悔恨，也许就是连一个向对方倾诉悔恨的机会都没有，徒留你一人在抑郁里沉沦。

　　帝后在蜀，思其忠，为泣下。

　　　　　　　　　　——《新唐书·张九龄传》

双目混浊的李隆基失落地跌坐在蜀地那处华丽轩敞的院落里，望向远方，他的思绪随着在寒风中簌簌抖动的白发，飘回到了五十三年前。

· 2 ·

时光倒回到公元 702 年。

那是唐玄宗第一次见到张九龄，不，这时他还不是皇帝，他只是一个十七岁的叫李隆基的皇子。

此时还是武则天执政时期，在一群新科进士里面，李隆基一眼就看到了张九龄：在那才俊云集的队伍里，他像一棵移动的白杉，每一步都带着风，每一步都踩在了诗的律动上。

但你绝不能用帅气或者英俊等世俗的词来形容，因为即使他转过身去，即使你看不到他的脸，也已经深深地为他的那份不动声色的气度和衣摆间的风雅彻底倾倒了。

李隆基出身皇家，什么样的风雅没见过，什么样的气度没看过，但张九龄的一言一行却如此令人着迷。直到登上皇位之后，李隆基依然对他"风威秀整，异于众僚"的风采欣赏不已。

　　……帝见张九龄，风威秀整，异于众僚，谓左右曰：朕每见九龄，使我精神顿生。

　　　　　　　　　　　　　　——《开元天宝遗事》

那时，他们之间还没有太多的交集，李隆基不知道自己十年后将会走上政治舞台的中心，张九龄也没有想到十年后自己将一步步成为唐玄宗的股肱之臣。

从入仕的第一天起，张九龄就显露出了他的不妥协、不屈服、不违心的"三不"原则，总是给时任宰相的姚崇提意见，终于导致姚崇的不满。

"我走还不行吗？"不愿改变原则的张九龄，选择了辞官回老家。

这次辞官，他不是闲着无所事事，也不是伺机蛰伏，而是干了一件惊天动地的大事——修大庾岭。

重修之前的大庾岭悬崖遍布，阻断南北交通，人苦峻极，一辆小车也无法通过，只能靠人力硬闯，行人深受其苦。

于是张九龄向唐玄宗发出了申请，他要求开凿大庾岭，他要"齿革羽毛，鱼盐蜃蛤，上足以备府库之用，下足以赡江淮之求"[1]。

经过了两年的苦干，重修后的大庾岭"阛而走四通，转输以之化劳，高深为之失险"[2]，彻底打通了南北通道。从岭南到长安，从地方到中央，丝绸之路的水路与陆路经过它在长安得以汇集。

对世代在此苦苦攀爬的百姓们，对整个大唐而言，天险从此化为坦途，商业因此贯通，经济因此繁盛。可以说，如果没有重修大庾岭，大唐的辉煌也许会减少两分。

也许有人说他不善人情世故，但是又怎能知道，往往像这样顶级优秀之人最看不上的就是所谓的人情世故，因为人家有足够的实力，因为人家随手拿出的成绩就足够震撼。

· 3 ·

这份功劳为他赢来了重新入京的机会，也为他带来了赞誉、人气和认同。同时，由于宰相张说的青睐，张九龄的仕途迎来了一波小高峰，五年后升为中书舍人。

张说是张九龄一生的贵人和及时雨，更是伯乐和挚友，多年前第一次读到张九龄的作品时他就大为震撼，再一交谈，太能聊到一起去

1、2 张九龄《开凿大庾岭路序》。

了。果然真正的友谊与年龄和地位无关，只和有趣的灵魂有关。

有张说提携和欣赏，张九龄对自己的前途充满了信心，也对大唐的前途充满了信心。

换作常人，面对上级的提携，一定是唯命是从，如履薄冰，但张九龄却从不因为这层关系就放弃原则。

当张说在皇帝的东巡大典上大量安插自己的人手时，张九龄几次劝说，可张说都没有当回事，结果遭到了敌党的弹劾。宰相李林甫便是此次弹劾的参与者之一。

张说被罢相，张九龄自然被连坐。但他们之间的友谊却历久弥坚，张说坚信张九龄必成大器，而张九龄也没有辜负恩人的期望。

张说去世后，张九龄果然成为大唐最闪耀的那颗星，他以绝对的优势担起了宰相的职责，也确实没有让玄宗失望，不仅写文拟诏不打草稿，同时编修国史，还将政务处理得井井有条：减赋税、改革吏治、选贤任能……在功成名就之后，他也和曾经的恩人一样，提携了王维、孟浩然等一批有真才实学的后辈。

由于他的励精图治，开元盛世得以延长。

反倒是唐玄宗，此时随着年龄的增长，开始放松身心、纵情享乐，他的放松不是无端无由的，而是因为对前半生政治生涯的绝对自信。

作为一个皇帝，他开创了开元盛世，任用了姚崇、宋璟、张说、张九龄等一批贤相，将大唐国力推向顶峰。作为一个男人，他更是完美得令人惊叹，他是原创型音乐才子，一曲《霓裳羽衣曲》流传千年；他在马背上蹴鞠时，又瞬间变身风一样的男子，英武风姿令人叫绝。这样一个英雄般的人物，创造了太多的辉煌，着实完美。

可太完美的人有时难免自负，再加上上点年纪，很容易就迷失在自己的光辉岁月里了。

其实享受一下生活也没什么，但他错就错在为了更好地享受生活，起用了李林甫，又在李林甫的建议下提拔朔方节度使牛仙客为六部尚书。

张九龄一听，节度使直升朝廷要员？目不识丁的边疆小吏当一品大员？事出反常必有妖，这还得了！

他第一个站出来反对："陛下，您不是开玩笑吧，这牛仙客可是半个文盲啊。"玄宗轻笑一声："你是看不起他出身贫寒吧，难道你的出身就高人一等吗？"

岂以仙客寒士嫌之耶？卿固素有门阀哉！

——《新唐书·张九龄传》

张九龄为什么死活都不同意牛仙客进入朝廷核心阶层，因为牛仙客虽然作为节度使有优秀的工作能力，但是对朝廷政务并不熟悉，也没有行政经验。更重要的是牛仙客是李林甫安插在朝中的一枚棋子，没有自己的势力听话好把控。

玄宗终究还是起用了牛仙客，罢免了张九龄的宰相之职，改任尚书右丞。

玄宗对这事本就不满，心想降职应该有所收敛了吧。然而张九龄举荐的监察御史周子谅继续反对玄宗，竟然在朝堂上公开弹劾牛仙客。

这个举动彻底激怒了玄宗，玄宗终于忍无可忍，痛快杖杀了周子谅，将张九龄贬为荆州长史。

张九龄在被贬的前几天，还在油灯下一卷又一卷地批阅公文，还在思索着如何辅助皇上让这盛世延长得长久一些。

就这样，两鬓斑白的张九龄带着无限的意难平离开了长安，踏上了通往荆州的贬谪之路。

·4·

开元二十四年的那个秋天，是张九龄一生中最寒心的时刻。罢相倒是其次，更让他心痛的是周子谅的惨死，是皇上的麻木，是明明已经危机四伏却沉醉不醒的大唐。

而这一切却无法言说，曾经的忘年交张说，曾与他同一战线并献出生命的周子谅，因他而受到牵连的王维等人，还有远隔千里的亲人挚爱，他们都曾是他前半生中不可或缺的力量源泉，此刻却各自飘零，生死两茫茫。

异乡的中秋，借着满天月色，他孤独地登上了荆州南门城楼，一首《望月怀远》还未吟罢，便已泪流满面：

　　　海上生明月，天涯共此时。

　　　情人怨遥夜，竟夕起相思。

　　　灭烛怜光满，披衣觉露滋。

　　　不堪盈手赠，还寝梦佳期。

好在还有月光，可以天涯共此时。可惜只有月光，只能还寝梦佳期。再想见到他们也只能在梦里了。

巨大的失望、忧愤和失意疯狂袭来，但哪怕是被这一切咬噬到彻骨疼痛，他也不曾后退半步，不，绝不！大唐命运是他的底线。

想到这里，他努力挺了挺后背。他已年逾六十，长年的劳累工作使他的身形不再像从前那般挺拔，但骨子里的优雅却没有流失半分，反而随着岁月沉淀，更添了几许从容豁达。

荆州之行就像断裂的丝帛，"嗦"的一声，扯断了他一生的梦想，也扯断了他与玄宗的君臣情分。

手中权力不再，他不能再为这个时代做些什么，可那不是他的错，只是没有在对的时代遇上对的人。

失去了人生前行的方向，好在他从自然和生灵中找到了答案，从时令的更替、万物的枯荣和花开花谢中看到了自己的"本心"。

兰叶春葳蕤，桂华秋皎洁。

欣欣此生意，自尔为佳节。

谁知林栖者，闻风坐相悦。

草木有本心，何求美人折。

——张九龄《感遇十二首·其一》

兰叶在春天吐露最盎然的生机，桂花在秋天绽放最皎洁的容颜，它们是幸运的，盛开在属于自己的季节。这个季节也因它们的存在而

焕发出别样的风采。

它们全身心地散发芬芳不为讨好他人，只因那是它们与生俱来的宿命。它们无所保留地怒放也从不为任何人的驻足，只为完成自己绚烂的使命，只为不辜负这季节独特的风雨露水的恩赐。

这世上最好的结局是互相成就，彼此成全。

就好像他的使命是为了让开元盛世尽可能地延长，无论是否得到君王的认可和朝堂的支持，只要他还能张嘴，只要还能提笔，义无反顾就是他的诉求。是啊，草木有本心，臣子又何尝不是呢。

如果他愿意，他完全可以安安稳稳地继续做这个宰相直到终老。他可以睁一只眼闭一只眼，可以风光到人生的最后一刻，何必到老还来一次贬黜。但是他之所以是张九龄，不就是因为他永远都不会做那随波逐流者吗？不就是因为他永远保留着那份初心吗？

从踏入仕途的第一天起，张九龄就没有妥协过，他有足够的自信和信仰。他的自信在于知道自己的价值在哪里，不是功名的傀儡，更不是皇权的奴隶。

他不追随任何人的脚步，他自己就是导航者。他的信仰盛放在大唐的每一次月升日落。他知道这一路上注定有阻碍、嫉妒甚至打压，他注定会失去一些东西，比如话语权，比如身份地位。

但那又怎样？

凭什么自己的信仰要被他人左右？凭什么自己的价值要经过别人的评判才能得以显现？

其实张九龄前脚刚走，玄宗就后悔了。张九龄的能力他再清楚不过了，说他是朝廷的一枚定海神针也不为过。

可是一想到张九龄总跟他杠，还处处让他下不来台，玄宗就觉得浑身不自在。自己好歹也是一国之君，不要面子的吗？凭什么事事都得听张九龄的。赦免安禄山，他反对；提拔牛仙客，他也反对；作为皇上过个生日，别人都送礼祝福，他倒好，送来个《千秋金鉴录》劝自己不要偷懒。

早在提拔牛仙客遭张九龄反对的时候，玄宗就已经攒了一肚子火了："什么都得你说了算，是吗？"

事皆由卿邪！

——《资治通鉴》

现在他终于可以不用再面对张九龄的各种"反对"和"挑刺儿"了，是的，他获得了暂时的清静舒服，但也使朝廷承受了后来奸臣内斗、藩镇叛乱等带来的巨大创伤。人人都说玄宗晚年糊涂，其实在一起共事那么多年，他不一定是真的舍得放弃张九龄，他只是想挫挫他的锐气。宰相和宰相之间的差别有多大，没有对比就没有"真相"，没多久他开始思念张九龄了。

他下旨："回来吧。"

可此时张九龄的生命已经进入了倒计时，衰弱到无法站立。

没多久玄宗做了个梦，梦到了当年初见张九龄的那个场景，那衣袂飘飘行走在春风里的青年。

那是属于他们共同的青春啊！时间过得真快，一转眼，他们都已至暮年。

他没想到，三年前的这一别竟成永诀，张九龄再也回不来了。一年后，六十八岁的张九龄在家乡广东韶关去世。一代宰相诗人，开元盛世最后的贤相走完了他鞠躬尽瘁的一生。

张九龄病逝的消息传来，玄宗沉默了很久很久。

有时候啊，一次看似普通的分别也许就是永别。当年的李隆基没有想到一个任免，君臣就此山高水远。没想到一个用人决策，就足以让他遗恨千古。

他从未被谁的气度折服过，唯有这份"曲江风度"深深震撼了他。

贵为皇帝，什么样的风采他没见过，可即使如此，他也不吝赞美：

朕每见张九龄，精神顿生。

——《开元天宝遗事》

从那以后，每每有人向玄宗举荐宰相，他都会怀着一丝期待问："此人风度比张九龄如何呢？有几分相似呢？"

风度得如九龄否？

——《旧唐书·张九龄传》

可当看到被举荐之人时，他眼睛里的光亮又迅速地黯淡下去，他知道，世间再无张九龄。

玄宗毫不吝惜对张九龄文采的夸赞：

　　　　九龄文章自有唐名公皆弗如也，朕终身师之，不得其一二，此人真文场之元帅。

——《开元天宝遗事》

对他的政绩也给予最高的肯定：

　　　　正大厦者柱石之力，昌帝业者辅相之臣。生则保其荣名，殁乃称其盛德。

——《旧唐书·张九龄传》

他严谨却又多情，儒雅却又威严，永远在引领大唐风尚。《新唐书》赞他："耿直温雅，风仪甚整。"官员上朝时手持的象笏插在腰间不雅观，他率先使用精致的护囊，引领众官员一致效仿。

他广博的知识储备、雄辩的口才更为他增添了独特的个人魅力，由内到外，赏心，也悦目。

他就是张九龄，岭南第一人，一直被模仿，从未被超越，盛唐最后的贤相，开元盛世的最后一轮明月。

刘禹锡

种桃道士归何处，前度刘郎今又来

——只要整不死，就豪横到底

　　"种桃道士归何处，前度刘郎今又来。"从这句春风般轻松舒缓的诗句里，我们看不到丝毫的愤怒和不满，然而你又是否知道，这是诗豪刘禹锡在被贬十年后再一次回到京城所作。

　　他究竟有什么样的魔法，可以在面对一次次的打压之下还能保持这份幽默与不屈并存的乐观心态？

· 1 ·

　　公元 815 年的春天，四十三岁的刘禹锡再次回到了京城。

　　从上次被贬朗州到今天的回归，已经过去了整整十年。

　　十年前的一幕幕仿佛还在昨天，那时他正处在事业的上升期，心

中充满了改革的热情。他将全部的心血和热情都倾注于改革，因为此时的唐朝从里到外大麻烦小麻烦不断。朝廷之外，安史之乱后，藩镇势力持续壮大；朝廷之内，德宗李适也从刚登基时的政治清明逐渐开始向宠信宦官、横征暴敛发展。

眼看自己的亲爹把局势搞得乌烟瘴气，一心想改变这一切的唐顺宗李诵很是不满，登上皇位后他干的第一件事情就是改革，并重用了王叔文、王伾、柳宗元、刘禹锡等人。

然而，是改革就必然会触犯到一些权贵的利益。在反对者的强烈抗争下，改革以失败告终。由此带来的后果是巨大的：一心推行改革的唐顺宗李诵被迫禅位太子李纯，改革派们被贬了个底朝天。刘禹锡的上级王叔文被赐死，王伾、柳宗元等接连被贬，身为监察御史的刘禹锡也未能幸免。

监察御史虽然职位等级不高，但负责纠察官员和整肃纲纪，并有权力弹劾违纪失职的官员。得罪了权势，所以被打击报复是在所难免的，玄宗时期的监察御史周子谅就曾因为弹劾牛仙客被杖杀于朝堂。

刘禹锡被贬朗州（今湖南常德）司马，这是一个没有任何话语权的闲职，然而更令人难以忍受的是，在这偏僻荒凉的异乡找不到一个能交流的朋友。从一腔热血的年轻骨干到前途渺茫的"罪臣"，这样巨大的反差无论是放在谁身上都会垂下头，对生活失去热情吧。

人生中二十三年的贬谪，朗州就占了十年，十年里他不但经历了仕途失意，还相继经历了两任妻子离世。心中的哀痛达到了顶点，他将对爱妻的这份未了之情诉诸笔端：

徒注视以寂听，恍神疲而目穷。还抱影以独出，纷百哀而攻中。……悲之来分愤予心，汹如行波涛（荐）浸淫。……苒苒生死，悠悠古今。……以无涯之情爱，悼不驻之光阴。

——《伤往赋》

拍拍身上的灰尘，振作疲惫的精神。妻子离世后，他担起了教育子女的重担，投入巨大心血。同时他还常常写信宽慰被贬永州的柳宗元。此时的柳宗元正在永州经历着"千山鸟飞绝，万径人踪灭"的异常孤独，刘禹锡的来信给他带去了巨大的力量，于是才有了后来的经典名篇《永州八记》。

这就是刘禹锡，明明自己已经够苦了，却还不忘为亲人好友投喂着甜。

他的乐观从不是没心没肺地傻乐，而是在看清了生活的真相之后依然热爱生活的勇气。

即使是在朗州最灰暗阴冷的日子里，他也不再悲观；即使在寂寥的秋天，他也斗志昂扬地高唱：

自古逢秋悲寂寥，我言秋日胜春朝。

晴空一鹤排云上，便引诗情到碧霄。

——刘禹锡《秋词》

很多人都觉得秋天应该是和枯藤黄叶、肝肠寸断这样的字眼画等号的，可是在刘禹锡的眼里，秋天是成熟的、辽阔的、壮美的，是白

鹤直冲云霄，是碧霄张开怀抱。其实一个人心里是什么样的，就会看到什么样的风景。心里若是骄阳，哪怕漫天飞雪，感受到的也是热烈奔放。心中若是春暖花开，即使身处冰山，也处处都是春天。

而一个心里永远装着春天的人，还有什么能打败他呢？历经十年的流放，他终于回来了。

人生最好的十年啊，就这样白白浪费了。他何尝不惋惜，不过他并不是为自己的命运惋惜，而是为那未完成的事业，也为一起战斗过的战友。

这次回归，刘禹锡见到了不少新面孔。但无论是新面孔还是旧相识，都好像商量好了似的，对他各种敌意。有人要把他摁得死死的，生怕他再翻出什么浪来。有人对他不屑一顾，觉得他不过是一个过气职场人。

"大心脏"刘禹锡连十年贬谪都不放在眼里，又怎会在意别人的眼光。一个永远不活在别人眼光里的人才能获得精神上的绝对自由，不被他人意见左右，不受他人情绪的影响，追随内心，拒绝精神内耗。

这一年春天，他与故友走上长安街头，随着人流一路来到玄都观，眼前一树树的桃花映入他眼帘，如梦似幻。十年前他离开长安时，这里还未曾有过一花一叶，十年的光景，这里已成一片花海。

在醉人的花香里，他提笔写下：

　　紫陌红尘拂面来，无人不道看花回。

　　玄都观里桃千树，尽是刘郎去后栽。

　　——刘禹锡《元和十年自朗州至京戏赠看花诸君子》

表面上，这就是一首赏花诗，可是，这字里行间的意思和刘禹锡的经历也太高度吻合了：

在这紫陌红尘、纷纷扰扰的官场，你们一个个的脸上都写满了春风得意，可你们是否知道，玄都观里的这上千桃树都是在刘郎我被贬后才栽下的。

言下之意，你们这些所谓的新贵们，有什么好得意的，还不是因为我的被贬，才有了你们的一席之地。

对敌人最有效的抗争根本不是回击，而是根本没把对方放在眼里。刘禹锡式的轻蔑，杀伤力极强。这首诗深深刺痛了反对者，因为在这首诗里处处都是隐喻和嘲讽："玄都观"代表朝廷，"桃千树"代表新起用的一批人才，"刘郎"就更明显了，这分明就是跟朝廷叫板。反对者们气急败坏地跟皇上告状："这刘禹锡是在赤裸裸地批评朝廷提拔人才有问题。"

朗州十年都没有锉平刘禹锡心中的那份豪气，"诗豪"的名头果然名不虚传。

果然，刘禹锡在京城屁股还没坐热，就又被贬了。

· 2 ·

这一贬，贬得更远了。

先是在连州待了几年，又被贬到了夔州当刺史，这些地方在当时都是未开化的蛮荒之地。换成其他人肯定要抑郁了。

离开了政治中心长安，失去了政治家的身份，但好在他还有另外一个身份——诗人。

而诗人，就是在各种际遇中都能唱出人生好声音，都能挖掘出精神高度的高人。

有山有水，不比那北方的桃花强？于是他大笔一挥：

杨柳青青江水平，闻郎江上唱歌声。

东边日出西边雨，道是无晴却有晴。

——刘禹锡《竹枝词二首·其一》

刘禹锡式的豪情依旧：谢谢你们让我体验了划船春游的乐趣，还能听到热恋中的情歌表演。

尤其是最后一句，包含了满满的人生哲理：你看这天气，有阴雨连绵也有阳光灿烂，人生往往和日出月落、打雷下雨一样无法预测，也无法控制，既然控制不了，不如平静地去接纳。

允许一切发生，接纳一切结果，这才是"诗豪"的"大心脏"。

不久他又被贬了。这次贬到了和州，这一年他已五十三岁。

人一旦失势啊，谁都敢在你头上撒一把土，再踩一踩。曾经的朝廷要员到了地方，连县令都想着法欺负他，按理来说刘禹锡这样的职位应该是有自己的官邸的，可是县令知道他没实权，就随便给了他三间小屋。

他欣然接受，"粗茶淡饭有真味，明窗几静是安居"。

在县令心里，这就是嘴硬啊，三间改一间半，让你嘴硬。

刘禹锡却悠闲称赞这住处:"垂柳青青江水边,人在历阳心在京。"

县令直接将这一间半也没收了,将刘禹锡赶到了一个年久失修的小破屋。

这间住房绝对称得上是那个年代的"老破小"。哪有分给在职官员这种房子的?小到什么地步,只能放得下一床一桌一椅,人站在里面转身都不方便。

刘禹锡即刻入住了这间名扬后世的"陋室",没发一句牢骚。

· 3 ·

说来也奇怪,这陋室一无所有,却吸引着一大帮人每天登门拜访。

每一位从刘禹锡的陋室出来的人,心情都好得不得了。有事没事就哈哈笑个不停。没几天,"陋室"就声名大振,刘禹锡在众人的要求下给这破房子写了个广告:

> 山不在高,有仙则名。水不在深,有龙则灵。斯是陋室,惟吾德馨。苔痕上阶绿,草色入帘青。谈笑有鸿儒,往来无白丁。可以调素琴,阅金经。无丝竹之乱耳,无案牍之劳形。南阳诸葛庐,西蜀子云亭。孔子云:何陋之有?
>
> ——刘禹锡《陋室铭》

这恐怕是对顶级豪宅最好的解说。什么是豪宅?不在于它的材质有多么地高级,用料有多么地上乘,而在于是谁住过它。

普通人因为一个房子风水好而抢着去住它，而真正厉害的人则因为住过它，而使它成为风水宝地。一个人的气场才是镇宅最好的风水。

房子不过是建筑材料的堆积体，没什么大不了。唯一不同的是房子里的生活。有的人把生活过成了牢骚抱怨和一地鸡毛，有的人却把生活过成了诗，"谈笑有鸿儒，往来无白丁。可以调素琴，阅金经"，这就是诗一般的生活啊。

一个不小心，刘禹锡把一个破房子住出了景点的感觉，把一间破房子写得豪气冲天，结果这破房子荣登了三大历史名宅，第一名和第二名分别是南阳诸葛庐、西蜀子云亭。

敌人们费了这么多年劲，不就是想看他倒霉的样子吗，可这么多年过去了，他怎么越来越快乐了？

敌人纳闷：到底是哪里出了问题？

要不，算了？

· 4 ·

公元 828 年，五十六岁的刘禹锡终于回到了长安，距离他的第一次被贬已经过去了整整二十三年。

时光飞逝，当年那个潇洒前行的热血青年已经有些许步履蹒跚，昨天的一切还依稀在梦里，而朝堂前人来人去，新宦旧党都已不复存在，皇帝也换了几任，唯有玄都观依然矗立。

可当他再一次走进玄都观时，才发现玄都观也早已不是当年的玄都观了。桃园早已不是桃园，青苔遍布，杂草丛生，菜花蔓延。

换成其他人也许又要感慨万千，感慨二十多年青丝变白发，感慨人生几度春秋，感慨世事变迁。可是刘禹锡何曾是那种多愁善感的人呀。

当晚他写下了《再游玄都观》：

百亩庭中半是苔，桃花净尽菜花开。

种桃道士归何处，前度刘郎今又来。

当年你们何等得意，如今死的死，失势的失势，我这个被你们排挤的人却回来了。我回来了，你们却再也斗不了了。这局我赢了。

这豪横劲儿真是几十年如一日，随着年龄增长丝毫不减，反而越来越"嚣张"。

如果问是什么支撑着他一路走来还能如此兴致勃勃，保持高昂的精神状态。

他一定会不好意思地摆摆手："嗨，不就是被贬嘛，多大点事呢。"

不走寻常路，唯有刘禹锡。

· 5 ·

虽然回来了，但是依然不被重用，依然是闲职。五十六岁的刘禹锡与同样暮年的白居易互相搀扶着走进黄昏那满天的霞光里。白居易为好友的一生不得志感到惋惜，刘禹锡哈哈一笑："莫道桑榆晚，为霞尚满天。"

梦想从来与年龄无关。

当晚年的白居易失去了元稹，当晚年的刘禹锡失去了柳宗元，生活给了他们另一份馈赠，让他们在暮年时惺惺相惜，互相欣赏，为对方心疼和不平。

白居易在酒醉中意难平，他愤然："如果你这样的人才都要被埋没，那我便再也不相信人间。"

为我引杯添酒饮，与君把箸击盘歌。

诗称国手徒为尔，命压人头不奈何。

举眼风光长寂寞，满朝官职独蹉跎。

亦知合被才名折，二十三年折太多。

——白居易《醉赠刘二十八使君》

有一种友谊叫感同身受，有一种理解叫你经历的我都经历过。二十三年啊，人生有几个二十三年。

此刻的刘禹锡无比幸福，他庆幸这世上还有一个白居易能感知他的一切遗憾与不甘，能设身处地地为他考虑。

他以一首《酬乐天扬州初逢席上见赠》，对白居易敞开心扉：

巴山楚水凄凉地，二十三年弃置身。

怀旧空吟闻笛赋，到乡翻似烂柯人。

沉舟侧畔千帆过，病树前头万木春。

今日听君歌一曲，暂凭杯酒长精神。

二十三年的凄凉地都打不倒他，为什么？因为他知道能打倒自己的只有自己。沉舟侧畔在他眼里是千帆竞发，病树前头他看到的是万木回春，这样的人，怎么可能被打倒。

真正的苦不是别人觉得你苦，是你自己心里觉得苦。

对刘禹锡来说，苦？不存在。这世界那么大，一个地方容不下他，总有地方可以承载他的肉身和灵魂，那他就换个地方继续快乐。他的快乐不是装出来的，是践行在人生的每一处，是面对政敌的不屑，是身处陋室的无所谓，是年老时还能看到希望。

他真的足够智慧，生活已经很难，何必再跟自己过不去。他也真的足够豪横，既不低头，有原则，也不内耗，救赎自己。别人不放过他，他放过了自己，别人打压他，他成全了自己。

见不同的人，经历不同的事，走遍名山大川，怎能不快乐？谁说人生只有一种形式。

一个人面对挫折，乐观一天两天并不稀奇，但一辈子都保持这份率真乐观，那就没有什么可以打倒他。

正是这份乐观与豪横让刘禹锡活到了七十岁的高龄，几乎超越了大多数同时代的人，也正是这份豪横让他在数次被贬的困境中依然能坚持自我，并留下了那么多流传千古的潇洒诗篇。

李白

大鹏一日同风起，扶摇直上九万里
——不是狂傲，是对轻蔑者的回击

"大鹏一日同风起，扶摇直上九万里"——有多少人每每提到这句，总会给李白贴上"狂傲"的标签。

飞机的飞行高度也不过一万多米，还"九万里"，你以为你是火箭吗？

飞得好嗨呀，感觉人生已经到达了巅峰。

但是你知道吗，李白这次可真不是高调，他老人家可真是被活活气到起飞的。

· 1 ·

不，那年他还不是老人家。那年的李白二十出头，小鲜肉一枚，

那是属于他的白衣飘飘的年代，有钱有闲，好不快意。

他怎么会既有闲又有钱？我们先来看看李白的身世。

李白的身世和他的离世一样扑朔迷离。按理来说，这样级别的大诗人，家世一般都是有明确记载的。比如杜甫，其父亲是兖州司马杜闲，祖父是大名鼎鼎的杜审言，曾祖父巩县令杜依艺，母亲是世家大族崔氏。身世背景清清楚楚，一目了然。

可令人感到奇怪的是，如此声名显赫的大诗人李白，其父母及家庭背景，一直以来都模糊隐晦，甚至连李白自己都没有提到过。

据李白族叔李阳冰的说法，李白是十六国时期西凉开国君主李暠的九世孙。与唐朝皇室同宗，因为隋末唐初的时候，李白这一支的祖上因为政治原因被流放到了西域的碎叶城（今属吉尔吉斯斯坦）。后来李白的父亲在神龙元年逃回四川定居，因为罪犯的身份，无法入仕，只能经商为生。难怪李白不愿提及自己的身世。

> 李白，字太白，陇西成纪人，凉武昭王暠九世孙。中叶非罪，谪居条支，神龙之始，逃归于蜀。
>
> ——李阳冰《草堂集序》

唐朝的科举考试要经过严格的政审，《唐六典》中明确规定：刑家之子、工商殊类不预。李白两样都占了，自然无法参加科举考试。

摊上这样的家世，李白从出生的那一刻就注定了仕途艰难，哪怕有惊世的才华，也被无情地阻隔在了通往金榜题名的第一步。

那时的商人再有钱也处于社会下层，李白既不能光明正大地公开他的户籍，又不能报名参加考试，左右不行，进退两难。这对于一个天赋满格的孩子来说，该是多么的绝望啊！

可老天还算没有做绝，好歹给他留了点儿活路：金钱和令人叹为观止的智商。

· 2 ·

李白的智商到底有多高，五岁就显露出惊人的记忆力，可以诵读六甲，十岁就阅读了诸子百家的经典著作。从始祖轩辕黄帝以来的历史知识都烂熟于胸。

五岁诵六甲，十岁观百家。轩辕以来，颇得闻矣。
——李白《上安州裴长史书》

仅仅这一点就足以打败百分之九十九的人了，然而他远远不满足于此，他从来都不想做手无缚鸡之力的文人，他要做快乐游侠，仗剑江湖，又或者治国安邦，一展抱负。

优秀的人干什么都优秀，天生有着英雄情结的李白拾起了长剑开始练武，十五岁就已习得一身精湛剑法，还曾拜师唐朝剑圣裴旻将军继续深造。然后又跟随纵横家赵蕤学习纵横术。

自幼好任侠，有四方之志，年十五而修剑术。
——李白《与韩荆州书》

从文到武，从文学积淀到谋略之术，他从每一个角度充实着自己，不知疲倦地前行。

这世界上就是有这样一种人，努力起来上瘾，每一天入睡前都孜孜不倦，每一天醒来都脱胎换骨，这样的人不敢想象日后会有多耀眼。

时间果然验证了这一点，十多岁的李白长成翩翩少年，既有书生意气："少年负壮志，奋烈自有时。"又有剑客风姿："十步杀一人，千里不留行。"

既有文人才情，又有武者刚毅。这种带着一股杀气的文艺男青年，简直分分钟虏获万千少女的心。凭着这一身文武双全，李白后来游历天下，名震四方，娶的两位夫人都是宰相孙女。

李白的这一波操作，真是让人不服不行，不是在提升，就是在提升的路上！

难怪连宰相孙女们都对他情有独钟，玉真公主都是他的铁粉儿，换成谁，谁能拒绝？

但是在那之前，他也只不过是一名"富二代"。

什么？只不过？说得好像"富二代"多不光彩似的。

是的，"富二代"放在今天也许令人羡慕，但在那个时代，"富二代"这个身份有它难以启齿的痛。

"富二代"这个出身，成也是它，败也是它，它给了李白富足的物质生活，让他可以心无旁骛地学习技能、游访天下，同时也因为是商人后代，按照大唐律例无法参加科考。

所以，李白不得不走另一条路，拜谒高官名流，以求引荐。

十五好剑术，遍干诸侯。

——李白《与韩荆州书》

说实话，一个心高气傲还有真才实学的人，为了追寻心中梦想，四处找机会，恭恭敬敬赔笑脸，也真是难为咱们的"男神"了。可以想象，李白有多少次一边苦苦等待，一边在心中感叹命运跟他开的这个玩笑。

· 3 ·

第一阵春风刚刚吹过，第一波桃花还未吐芽。二十岁出头的李白叩响了渝州刺史李邕[1]府第的大门。

已经记不清这是他第几次拜谒名流了。但是这一次他要见的这位李邕李大人可是一位重量级人物，时任渝州刺史，是鼎鼎大名的书法家、文学家，其书法造诣可与"书圣"王羲之分庭抗礼，如此文坛巨擘，来登门拜谒、追随的学习者络绎不绝。

李邕不仅在书法、文学上深有造诣，还乐于结交天下有志之士。

更令李白膜拜的是，这位前辈刚正不阿，敢于直谏皇上，毫不畏惧其他不法之臣的眼光。

---

[1] 李邕：唐朝大臣，书法家，行书碑文大家。

邕素负才名，频被贬斥，皆以邕能文养士。

——《旧唐书·李邕传》

有气节有文采，更重要的是有使命感，这和李白内心深处的某一块不谋而合。这不就是自己吗？他一直都认为自己是侠义的化身，他一定要与这位"知音"把酒言欢，畅谈人生理想，共话家国天下。

两个超级学霸相遇究竟是会激发出火花，还是萌生出敌意？令人期待，也令人好奇。

李白以神童"出道"，通晓史书，能文能武，年纪轻轻就写出了成名作，尤其是《访戴天山道士不遇》："犬吠水声中，桃花带露浓。树深时见鹿，溪午不闻钟。"有声有色，梦幻静谧。读过的人无不为之神往，似乎一踮脚就能喝到桃花花瓣上的露水，闻到湿漉漉的泥土清香。

而李邕的学霸生涯也一度无人超越。年少成名，官场混迹多年，见多识广的他起初并没有把初出茅庐的小朋友放在眼里。

晚辈见前辈、素人见大神的标准模式是什么？一般都是恭敬谦虚，彬彬有礼。再加上李邕比李白年长三十二岁，无论是社会地位还是年龄都是远远高于李白，在李邕看来，虚心请教、聆听教诲才是晚辈该有的教养。

李白也许是憋了太久了，见到梦想中的"知音"，各种想法一股脑儿地倒了出来。朝野格局、天下大势，针对每一件时事，他不仅发表了看法，甚至还给出了各种解决方案，条理清楚，层次分明。

一般人听了，可能真的会为其口才倾倒。可李邕毕竟是李邕，混迹官场多年，什么样的才俊志士没见过，对方几斤几两，看一眼八九不离十。

可今天这位，一个没有在官场混迹过一天的毛头小子，没有任何实际经验，仅凭一腔热血高谈阔论、纸上谈兵，自我感觉还挺好。

不拘礼数……谈论间方言高论。

——《新唐书·李白传》

这似乎与李白一直以来的调性相符。也难怪他后来对皇上都是"天子呼来不上船，自称臣是酒中仙"。

李邕是公认的"书中仙手"，皇上都对他"识其名，诏勿劾"。李白是初出茅庐的有几分才气的平头老百姓，而这个小青年竟然在他面前指点江山，激扬文字，李邕的心情可想而知。

有时候啊，明明是相似的性格，可就是互相看不顺眼。

李邕无心再听，李白也无心再讲，第一次会面就这样不欢而散。

· 4 ·

回到客栈后，李白一口气写下了那首豪气干云的《上李邕》：

大鹏一日同风起，扶摇直上九万里。
假令风歇时下来，犹能簸却沧溟水。
世人见我恒殊调，闻余大言皆冷笑。

宣父犹能畏后生，丈夫未可轻年少。

诗里的每一句都透露着他的傲骨和不平：李邕，我以为你跟普通人不一样呢，看来没什么不同。神话中的大鹏鸟借风而起可飞到万里高空，就算风停落入水中，也有巨大的能量可以乘风破浪。

作为年轻人，我只是需要一个机会，有了这个机会我相信自己可以一飞冲天。但是没有这个机会，我也可以任意驰骋。

普通的市井之徒不懂，他们认知有限，会看我笑话，极尽嘲讽，因为他们毫无心胸也无辨人之才。我以为你会不同，可是我想多了。

来之前我听说你喜欢提携后辈，故慕名而来，可是你和他们有什么不同？

今天我想告诉你，什么是真正的大家风范，像孔子那样的圣贤都知道后生可畏，而您比孔子还伟大高明吗，就可以随意小看后辈？

什么是撑人的最高境界？这就是。所以啊，大家以后要是再生气发火，可不要动不动就飙脏话了。学着点儿，什么叫骂得酣畅淋漓，还能骂得得体，骂得优雅，骂完别人还得给你拍手叫好。

我相信，这事只有李白能做到。

李邕收到这首诗后，起初也没有太在意，读到第一句："大鹏一日同风起，扶摇直上九万里。"心中更坚定了自己的判断，果然是个猖狂之辈，还大鹏！还九万里！悠着点儿吧，年轻人。

可最后两句读完的时候，李邕紧皱的双眉渐渐舒展开来，继而脸上又浮现起讪讪的表情。"宣父犹能畏后生，丈夫岂可轻年少。"这两句诗让他有些脸上挂不住，难道昨天自己真的对这个年轻人有些过分了？

再把整首诗读了一遍，构思清奇、想象丰富、用典自如、韵律优美，的确是难得的好诗。已经很多年都没有读到过这样作品的李邕，又把李白的昔日旧作找来读了读。这不读不要紧，一读惊为天人：

犬吠水声中，桃花带露浓。

树深时见鹿，溪午不闻钟。

野竹分青霭，飞泉挂碧峰。

无人知所去，愁倚两三松。

——李白《访戴天山道士不遇》

无论诗赋，每一篇都是精品。李邕心中大呼精彩。

李邕沉默了，自己差一点就错失人才。谁没有过年少轻狂的时候呢，自己年轻的时候又何尝不是热血满怀。他立刻命人带上银两送到李白所住客栈，期待能挽回这个受伤的年轻人，可李白早已经登上快乐的小船走远了。

·5·

无才的人挑战权威，只是笑话。

有才的人挑战权威，才是勇气。

狂人挑战名士，这样的画面虽激烈，但也让我们看到了他们性情中真实的一面，也为他们后来的惺惺相惜埋下了伏笔。

同时也看得出，李邕作为前辈能知错就改，对真正的人才不计前

嫌，放下架子，确实是个好前辈。

不管怎样，李白与李邕的初次相见就这样不欢而散。李白继续他"仗剑去国，辞亲远游"的旅途，本以为从此天各一方，生命不会再有交集。

可谁能想到，他们的交情才刚刚开始。

从此，李邕对李白多了一份默默的关注，李白的新作他从不错过。李白生性豪爽，仗义疏财却又不善理财，曾一度拮据，李邕听到后立刻命手下人送去了救命的三千文铜钱。

仅凭这点，李邕还是很让人肃然起敬的，一个朝廷官员，久负盛名的高官文豪，能礼贤下士着实不易。想想我们平时生活中，有哪一位德高望重的长者能对后辈做到这个份儿上呢？大多数都是端着，端得四平八稳的，就算出错也死不悔改。

再加上，李邕平时也经常行侠仗义，为民请命，也让李白彻底改变了之前的偏见。

曾有一名女子的丈夫被凶手杀害，此女子为夫复仇而手刃凶手，却被处以死罪。而李邕却秉持正义，在生死关头救下了该女子。

这件事让李白大为震动，并为此写下了乐府诗《东海有勇妇》，由衷地称赞李邕的侠义之举：

> 北海李使君，飞章奏天庭。
>
> 舍罪警风俗，流芳播沧瀛。

这些年来他们就这样走在各自的人生旅途中，彼此遥遥相望，从遥遥相望又到惺惺相惜。

善良的人，就算是曾经误会，也终有一天灵魂会重新相遇。

有一种情谊叫：错过之后才重新认识对方。

如果说，第一次见面还有着一定的目的，为得到引荐，为仕途，那么，经过这些年的风雨世事，他们早已超越了利益关系，而是惺惺相惜和内心绝对的尊崇。

多年后，李邕被奸相李林甫排除异己，迫害致死。而当初的李邕没有想到，他死后，李白却是那个哭得最伤心的人。

依然还是一个春天，依然是茫茫夜色中，他还和上次一样走在那条蜿蜒曲折的小道上。他边走边哭道："君不见李北海，英风豪气今何在。"[1]

李白和李邕的故事讲完了，"大鹏一日同风起"也流传了下来。我们只看到了"狂"的表面，却忘了背后曾有那样的一段往事。

当年那个口口声声说自己九万里风鹏正举的年轻人，我们总是说他轻狂，说他高傲，可是他的情义却比任何人都深厚和真切。

他是千百年来公认的千古第一诗人，是诗歌的巅峰标志。都给世界留下这样的精神食粮了，我们还要限制人家的狂？再说了，我们喜欢的不就是他的那份"天生我材必有用，千金散尽还复来"的自信吗？

他给过我们多少代多少人隐形的力量啊！如果没有这份疏狂，何来的这些作品供我们吟诵千年？庐山瀑布、黄河之水、黄鹤楼、白帝

1　李白《答王十二寒夜独酌有怀》。

城……都将黯然失色。

他既有"桃花潭水深千尺，不及汪伦送我情"的真情，也有"古来圣贤皆寂寞，惟有饮者留其名"的清醒；既有"仰天大笑出门去，我辈岂是蓬蒿人"的爽朗，也有"事了拂衣去，深藏身与名"的省悟。

他就是李白，风一样的男子，永远白衣飘飘的神仙小哥哥。

杜甫

此曲只应天上有，人间能得几回闻

——赞美还是讽刺？骂人的最高境界

此曲只应天上有，人间能得几回闻。

这句诗曾给了我很多个意料之外——我曾经以为，这首诗是对音乐的赞美，没想到，这首表面看似云淡风轻的诗句，其导火索竟是晚唐时期节度使之间的一场内战。也未曾想到，这首诗的主人公花敬定是个自以为是的超级杀人狂，更没想到，这句诗压根儿就不是赞美，而是赤裸裸的讽刺。

· 1 ·

人人都知杜甫是诗圣，"诗圣"这个称呼在"诗仙""诗魔""诗佛"等一系列称号面前显得那样地崇高和厚重。

为什么高不可攀？因为太难了，一般人做不到；因为太苦了，一般人承受不了。如果他知道要经历无数苦难才能成就一个圣人，他一定不希望做这个圣人。

三十岁之前的杜甫何曾想到后来的这些苦难，那时他和所有的年轻人一样，阳光开朗，肆意奔跑，登上山巅，激动地向世界宣告自己的梦想：

> 岱宗夫如何，齐鲁青未了。造化钟神秀，阴阳割昏晓。
> 荡胸生曾云，决眦入归鸟。会当凌绝顶，一览众山小。
>
> ——杜甫《望岳》

那时盛唐还未覆灭，暗流涌动之下岁月还算暂时安好，他也像那山上的风一样，充满动力，不知疲倦。

可杜甫不知道，他此生注定无法与科考结缘。这一切都源于他的家世。

杜甫的出身其实是极为显赫的，爷爷杜审言就是初唐有名的诗人，母亲也是大家族出身，妻子杨氏，更是隋朝皇室本家。

可正是因为这样的家庭背景，将杜甫压制得一生不得翻身。杜家的家庭关系几乎都与太子李亨密切相关，而玄宗李隆基和李林甫打击的对象就是李亨。在这样的情况下，杜甫不被牵连就不错了，谈科举简直天方夜谭。

科举路走不通，他只好像李白那样拜谒名流，以求引荐，可是这每天求人的卑微日子对于一个文人来说，真的是不好过。早上敲响大

户人家的门，傍晚又被肥马扬起的灰尘覆盖，吃的是别人剩下的残羹冷饭，生活处处充满了苦涩艰辛：

> 朝扣富儿门，暮随肥马尘。残杯与冷炙，到处潜悲辛。
>
> ——杜甫《奉赠韦左丞丈二十二韵》

现实如此残酷，但他依然有自信有底气，这份自信来自他自身的优秀："读书破万卷，下笔如有神。"也来自一些专业人士的肯定："李邕求识面，王翰愿卜邻。"连李邕、王翰这样的大咖们都愿意结交他。他自认凭借自身的才华，身居要津指日可待。他一定会辅佐君王让他们成为比尧舜还圣明的明君，让这个败坏衰落的社会风气再次回归淳朴：

> 甫昔少年日，早充观国宾。读书破万卷，下笔如有神。
>
> 赋料扬雄敌，诗看子建亲。李邕求识面，王翰愿卜邻。
>
> 自谓颇挺出，立登要路津。致君尧舜上，再使风俗淳。
>
> ——杜甫《奉赠韦左丞丈二十二韵》

· 2 ·

在长安他苦等了十多年，没有等到朝廷的青睐，却等来了朝廷对百姓的轮番折磨。公元 751 年，李唐王朝对边疆少数民族用兵，却屡次失败。剑南节度使鲜于仲通在泸南大败，带领的八万大军死了六万。

面对如此情形，杨国忠却继续强行抓壮丁服役。百姓们明知是去送死，却无法反抗，一时间哭声一片。

> 天宝十载（751年）四月，剑南节度使鲜于仲通讨南诏蛮，大败于泸南。时仲通将兵八万……军大败，士卒死者六万人，仲通仅以身免。杨国忠掩其败状，仍叙其战功……制大募两京及河南北兵以击南诏。人闻云南多瘴疠，未战，士卒死者十八九，莫肯应募。杨国忠遣御史分道捕人，连枷送诸军所……于是行者愁怨，父母妻子送之，所在哭声振野。
>
> ——《资治通鉴》

人们为此付出了巨大的代价，这一去九死一生，从此孩子失去父亲，父母失去儿子，妇女失去丈夫。家里没了顶梁柱，田地荒芜，无人耕种，可官府还在催缴租税。真是不给人留活路呀。

杜甫站在咸阳桥边看着生离死别的一幕幕，从这一刻起他再也不能平复内心的波澜，也是从这一刻起，他"致君尧舜上"的心愿彻底崩塌，他为劳苦大众写下了人生中的第一首诗《兵车行》：

> 车辚辚，马萧萧，行人弓箭各在腰。
> 耶娘妻子走相送，尘埃不见咸阳桥。
> 牵衣顿足拦道哭，哭声直上干云霄。
> 道旁过者问行人，行人但云点行频。

或从十五北防河，便至四十西营田。

去时里正与裹头，归来头白还戍边。

边庭流血成海水，武皇开边意未已。

君不闻汉家山东二百州，千村万落生荆杞。

纵有健妇把锄犁，禾生陇亩无东西。

况复秦兵耐苦战，被驱不异犬与鸡。

长者虽有问，役夫敢申恨？

且如今年冬，未休关西卒。

县官急索租，租税从何出？

信知生男恶，反是生女好。

生女犹得嫁比邻，生男埋没随百草。

君不见，青海头，古来白骨无人收。

新鬼烦冤旧鬼哭，天阴雨湿声啾啾！

一曲《兵车行》为杜甫的诗染上了悲凉的颜色。往后余生，都在这份悲凉中度过。此后他又陆续写下《丽人行》《自京赴奉先县咏怀五百字》《前出塞》《奉赠韦左丞丈二十二》"三吏""三别"等诗作，写尽了人间的悲欢离合，也写尽了统治者的丑恶冷漠。

他用他的诗悲伤着人们的悲伤，幸福着人们的幸福。他写得出，因为他的经历让他能深深地理解他们。

他是一个在天堂和地狱之间挣扎的人。由于他的家世、学识和名望，能与上层社会结交，得以看到天堂般华丽骄奢的一面，又由于他在政治上的失意和经济的窘迫，也目睹了人间地狱中血泪挣扎的另一面。这世上最深刻的理解，就是感同身受。他们的儿子被抓去生死不明，他的小儿子也饿死在家中。他跟他们一样不知道第二天的太阳是否会照样升起。

当他以为这已经是人生谷底的时候，安史之乱爆发了。

潼关失守，玄宗出逃。皇上都不在其位了，连国家的前途都难以预料，杜甫曾经的那些理想更是如同镜花水月。

公元 756 年，当他得知唐肃宗在灵武即位，便不顾安危前去投奔，却在投奔途中被安史叛军俘至长安。战乱中的长安一片萧条，满目荒凉，昔日的繁华已如泡影幻灭。

第二年的春天如约而至，四季依然轮转，但国家并未有丝毫恢复的迹象。本应是鸟语花香的春天，本应心情明媚如春光，可是心若悲伤，春天又能如何。战乱彻底阻断了他与家人的联系。对家人的牵挂，对国家的担忧，如同迷雾将他团团困住。这个春天，他写下《春望》，可他望不到前路，望不到未来。

国破山河在，城春草木深。感时花溅泪，恨别鸟惊心。
烽火连三月，家书抵万金。白头搔更短，浑欲不胜簪。

随后他再一次冒死逃出长安去往凤翔投奔肃宗，却因营救房琯被贬华州。从洛阳探亲后返回华州的路上，是邺城之战爆发后的景象，唐军与安史叛军交战后，留下的是一路哀号的百姓和无穷无尽的灾难现场，他在泪眼蒙眬中写下了不朽的史诗："三吏"（《新安吏》《石壕吏》《潼关吏》）和"三别"（《新婚别》《垂老别》《无家别》）。

战火还在燃烧，关中大旱又相继到来，盛世大唐沦为人间末日，这里早已不是人类可以正常生存的地方。几经辗转，杜甫带家人来到了成都。

· 3 ·

公元 761 年是杜甫来到成都的第一年，也是安史之乱的第六年。由于蜀地没有受到安史之乱的影响，他期待着能在这里获得一份尘世的祥和与安宁。

但是，这份期待很快就被一场内战破坏了。

故事得从一次告御状说起。

时任剑南东川节度使的李奂请求皇上撤换自己的下属剑南东川节度兵马使——段子璋，理由是段子璋身为部下，傲慢又嚣张，丝毫不把他这个上司放在眼里。

段子璋的傲慢是有原因的，他可是曾经在安史之乱发生前保护李隆基入蜀的功臣。这护主的天大功劳，连皇上也得犹豫三分。可李奂屡屡上疏皇上换掉他，段子璋得知后，一怒之下对李奂所管辖的绵州发起突然袭击，李奂毫无准备，狼狈逃命。

袭击完李奂部队，竟然又杀了另一名皇亲李巨。这李巨可是唐高祖李渊的亲玄孙呀，段子璋这么一来等于与朝廷决裂，也将自己的后路彻底断了。

段子璋干脆自立为梁王，改了年号为黄龙。

李奂的嫉妒和不满、唐肃宗的不作为等多种原因使得段子璋不得不反，也将自己一步一步推向了毁灭的边缘。

段子璋这一波操作，犯了众怒。杜甫刚来四川，正想着过几天安稳日子，这可倒好，又闹腾起来了。老百姓又有苦吃了。

段子璋这边称了王，真觉得自己是皇帝了，为了找到点皇帝的感觉，组织起了百官朝拜，还组建了国乐乐队，把皇上登基的音乐、礼仪全都搞了一遍。

李奂也一刻没闲着，自从上次逃出绵州后，他就发誓一定要杀回来报这个仇。这次，他做了充分的准备，不仅取得了大唐正规军的支持，还得到了剑南西川节度使崔光远的鼎力相助。

值得一提的是，在这场平叛行动中，崔光远手下的一员猛将花敬定横空出世，惊艳了所有人的眼球。

他身骑战马，一路横扫敌军，将段子璋直接斩杀于马下。

段子璋的帝王梦成了一个笑话。而花敬定因此一战成名，人们大街小巷奔走相告：花将军剿杀叛军，英勇盖世。

同在四川的杜甫听到这一消息，也难掩激动之情：这么令人头疼的一件事，数个时辰内就轻松解决了，也太高效了吧！这花将军真是踩着七彩祥云来拯救百姓的神人。

对向来就忧国忧民的杜甫来说，只要解救老百姓，那就是恩人，是亲人，花敬定在他心中已俨然成了超级巨星，熠熠四射地闪着星光。

可没多久，杜甫发现，事情跟想象中的不太一样啊。

段子璋再缺心眼也只是针对敌对者，而花敬定不但缺心眼儿还缺智商，他仗着自己的军功，开启了疯狂扰民模式。

频繁出入于酒肆饭馆，穿梭于歌舞乐坊。什么？付钱？你想多

了！谁敢提一句付钱的事，立刻被一脚踢出三米远。

不仅如此，花大将军还开始模仿起了段子璋，把从段子璋那里抓来的乐工们都召集起来，命令他们每天演奏国乐。

于是，从这一天起，整个成都上空不间断地飘着华美音乐。老百姓听了只觉得稀奇，看个热闹，可是官场之人听了都大惊失色："这可是国家大事才可以使用的国乐呀！别说普通人，就是宰相、开国大将也没资格私自使用这种规格的礼仪呀！"

"英雄"成了"愣头青"，这让全城的百姓既愤怒又失望，也彻底刷新了杜甫的三观："原来，自负真的可以让一个人变愚蠢。"

面对这种事情，一向以忧国忧民为宗旨的杜甫怎么可能保持沉默。他要好好地羞辱这愣头青一番。可是，对方是武将，自己一介文人，要是直接开骂，岂不是找死？那怎么办呢？怎么才能既骂了对方，还让对方找不出破绽？

思考片刻，杜甫刷刷几笔，一首《赠花卿》就出炉了：

锦城丝管日纷纷，半入江风半入云。

此曲只应天上有，人间能得几回闻。

什么？看不出哪个字是在骂？

我们一起来看：前两句描述了音乐的非同凡响，优美旋律飘满了整座城市，这声音一会儿飘向茫茫江水，一会儿直入云霄，一会儿上天一会儿入地，可见其穿透力之深，震撼力之广，可谓是无所不在。"纷纷"两字给人一种心烦之感。

第三句却来了个转折，这样的音乐不应该出现在这里，这是属于"天上"的"天子"才能享用的音乐，一个"只"字表明了态度：花大将军，这种礼乐可不是你我普通人随随便便就可以随时聆听的，咱们为人臣子，该有的礼数还是得有的，您说是不？

· 4 ·

花敬定听说有一诗人专门为他写了一首诗，更得意了。没想到自己大老粗一个竟然还能跟诗挂上钩。况且这首诗乍一听好像还挺美的，就算没认过字，也能听出大概意思。

一个人最可笑的是什么？是掂量不清自己的轻重，轻易相信他人的赞美，"赞美"这东西一旦把握不好就成了"捧杀"，不要不信，也不要太当真，毕竟，古往今来，已经有太多的人因此翻了车。

一个人什么时候的样子最可悲呢？就是当他真的相信并且沉醉于那些赞美的时候！做人啊，时时保持清醒是多么的难能可贵！也许，它不能保证你永远大红大紫，但能很大程度上让你不轻易"翻车"。

花敬定离"翻车"不远了，然而接下来他的行为加速了他的"翻车"。

上天欲使其灭亡，必先使其疯狂。花敬定的疯狂，早已不是初期的强抢强夺那么简单：从抢财物到抢人，从打人到杀人，最骇人听闻的是他只因看上了一个妇人手上的金镯子，就砍下了妇人的手臂。数日之内，一千多名百姓死在了花敬定的刀下。

一时之间，蜀地成了人间地狱，哀号遍地。

要说第一次杜甫还客客气气地"赠"花卿，那么随着花敬定的一系列魔鬼操作，已经没有必要再对他客气了。于是杜甫不再隐忍，为花敬定写下了第二首诗《戏作花卿歌》：

> 成都猛将有花卿，学语小儿知姓名。
>
> 用如快鹘风火生，见贼唯多身始轻。
>
> 绵州副使著柘黄，我卿扫除即日平。
>
> 子章髑髅血模糊，手提掷还崔大夫。
>
> 李侯重有此节度，人道我卿绝世无。
>
> 既称绝世无，天子何不唤取守京都。

在这第二首里，杜甫不再委婉，题目就看得出来，如果尊重一个人，会用"戏"这个字眼吗？

前五句都在描述花敬定的勇猛，最后一句笔锋一转，"既称绝世无，天子何不唤取守京都。"意思是你这么有能耐，皇上咋不把你招去守卫京城呢？

这戏谑的效果太到位了，对花敬定勇猛无脑的讽刺效果令人拍案叫绝。也正因这首诗，我们更能确定第一首《赠花卿》压根儿就不是赞美，而是讽刺。

杜甫绝不是那种为一介暴虐武夫唱赞歌的人。如果他赞美了这样的人，那一定是另有深意。

花敬定彻底放飞自我了，连作为上司的崔光远也管不住他了。

既得罪了叛军，又得罪了自己人。一个人到底有多愚蠢，才会这样一步步把自己逼入绝路。

果然皇上的问罪还未到达，花敬定就在追剿段子璋残部时，被叛军反杀。就算不是死在段子璋残余部队的手里，以花敬定犯下的滔天罪行，回来也难逃一死。

风雨过后是晴天，花敬定覆灭的好消息刚传来，另一个好消息更是让杜甫开心到起飞，好哥们儿严武被皇上派来接替崔光远的职务——成都尹兼西川节度使。

·5·

杜甫在严武的帮助下于浣花溪畔盖起了草堂，与家人享受着惬意自在的田园生活，与最铁的哥们儿严武把酒言欢，畅聊家国天下。度过了他一生中难得一见的安定时光。

没有了曾经"感时花溅泪，恨别鸟惊心"的伤感飘零，取而代之的是"黄四娘家花满蹊，千朵万朵压枝低"的怡然自得。

无奈时代的底色在那里，在历史的大背景面前人显得那样地渺小无力。欢乐总是匆匆到来，又转瞬即逝。随后，杜甫又继续经历着其他磨难。同年八月，一场大风吹倒了他的草屋，他写下了《茅屋为秋风所破歌》，在风中呼号着："安得广厦千万间，大庇天下寒士俱欢颜。"

秋风吹倒的是他的屋，可是他第一时间想的不是自己，而是天下所有挨饿受冻的人。这不是"圣"是什么？

又过两年，严武离世。给予他无数帮助和灵魂支撑的至交挚友永远地离开了，杜甫的余生陷入了苦苦的漂泊和无限的孤独。

写下"此曲只应天上有，人间能得几回闻"的那一年，杜甫刚好五十岁。没想到，这首看似轻松随意的诗，背后竟隐藏着这样苦难深重的历史。

纵观杜甫一生。前半生，他以亲临现场式的直观体验，目睹了那个特殊时代烽火途中老百姓的血泪挣扎。

他站在安史之乱的转折点上，也站在了自己人生的转折点上，曾经他"会当凌绝顶，一览众山小"，是何等地豪迈！

然而后半生，随着大唐命运的急转直下，他又不得不面对"亲朋无一字，老病有孤舟"的悲惨境地。

他被迫成为政治的牺牲品，一生在苦难中前行，空有才华无法施展，十多年困居长安，先后遭遇饥荒、战争、牢狱、失业、逃难、小儿子饿死、被贬……

即使深陷黑暗，他时时牵挂在心头的还是黎民苍生。

为什么后人会赋予他"诗圣"的称号，到底什么样的人才能称之为"圣"。

品行高尚的人，是仁者，是贤良；智慧超群的人，是智者，是专家。而圣人也许就是在专业领域能所向披靡，却又对众生保留一份责任感和一颗悲悯心的人。

杜甫就是这样的人，之所以为"圣"，因为他将这份悲悯心与责任感践行到了生命中的每一天。不是心血来潮，不是一天两天，也不是一年两年，而是用整个人生去书写信仰。他的信仰就是苍生。

他用史诗普度众生，悲壮的、燃烧的、永恒的、不朽的史诗。

韦应物

我有一瓢酒，可以慰风尘

——我曾游戏人间，归来一身风尘

我有一瓢酒，可以慰风尘。

这句网红诗为何能在一千多年后再次走红？它引出了无数人心中那个脆弱而孤独的精神世界。何为"风尘"？是烟尘滚滚的社会现实，是一路漂泊的人生写照，更是对一生苦苦追寻后的感悟。

一切过往，皆是风尘。

· 1 ·

如果可以穿越回唐朝，相信所有人最不愿见到的就是少年时的韦应物。

少年时的韦应物，怎么跟你形容呢？说他是纨绔子弟一点儿都不夸张。

那一年韦应物十五岁，既幸运也悲哀。

幸运的是他出生在一个名门望族，据统计京兆韦氏曾有十几人出任宰相，他的曾祖父韦待价就曾是武则天时期的宰相，虽然到了他父亲韦銮这一辈家境已远不如从前，但根基太足，祖辈们积累的背景让他少走了许多"弯路"。别人考取功名要经历十数年寒窗苦读，他仅凭借"门荫"就谋到了一份令人艳羡的职务——右千牛卫的执戟郎。

遗憾的是他毫不珍惜这一切，仗着自己的出身，一切都不放在眼里，十几年的成长时光没有把多少精力用在学业上，反而对打架斗殴、聚众赌博乐此不疲。

这里解释一下，门荫也叫恩荫，为朝廷立过功的人，他们的后代可以在升学和入仕时享受到普通人所没有的待遇。寒门学子苦读十几年甚至几十年都不一定达到的高度，有的人靠祖上就轻松得到。韦应物凭借这层关系，享受个特殊待遇那都是小事一桩。

十五岁的韦应物进宫了，不良少年摇身一变成了皇家侍卫，开始了他奢靡而荒唐的宫廷职业生涯。

仗着皇上侍卫的身份，他吃喝嫖赌，窝藏命犯，几近癫狂。很多年后，头发花白的韦应物回忆起年少时的一幕幕，悔恨交织，把曾经的自己批评了一个底朝天：

少事武皇帝，无赖恃恩私。身作里中横，家藏亡命儿。
朝持樗蒲局，暮窃东邻姬。司隶不敢捕，立在白玉墀。
骊山风雪夜，长杨羽猎时。一字都不识，饮酒肆顽痴。

武皇升仙去，憔悴被人欺。读书事已晚，把笔学题诗。

两府始收迹，南宫谬见推。非才果不容，出守抚茕嫠。

忽逢杨开府，论旧涕俱垂。坐客何由识，惟有故人知。

——韦应物《逢杨开府》

从这首诗里，可以看到年少时的韦应物曾经嚣张到何等地步：倚仗皇恩，横行霸道，窝藏命犯，白天在赌场下注，晚上纵情声色。即使有人举报，即使证据确凿，也没有人查，因为没有人敢查。

左右为难的差役们，回去吧，交不了差，抓人吧，又没那胆。于是，荒诞的一幕发生了，一群差役在韦家大门口的白玉台阶上抓耳挠腮。

一提起韦家，所有的人都不敢呼吸了，只剩下仰视。

那可是韦家啊！京城最大的士族啊！

韦家世代为官，还不是一般的官，祖辈们从公卿到宰辅，到尚书到将军，每个名字拿出来都熠熠生辉。

老百姓们敢怒不敢言，他们说得一点儿没错，《旧唐书》里说："议者云自唐以来，士族之盛，无逾于韦氏。"可见韦家的势力之大。

"城南韦杜，去天尺五。"是的，韦家杜家，这两个大家族，似乎离皇宫也只有一抬手的距离。

· 2 ·

十五岁的韦应物伸伸手就摸到了天。

一年后，韦应物就升了三卫郎，成了御前近身侍卫，还拿到了入太学读书的门票。

皇上一声令下要去华清宫泡澡，韦应物就跟着去了。泡完澡回来他的履历上又多了一项：皇上赐过浴。

从此逢人就说："我可是跟皇上一起洗过澡的。"

有诗为证：

> 身骑厩马引天仗，直入华清列御前。
>
> ——韦应物《温泉行》

至于美食、宴会这种生活日常，就更少不了他了：

> 冬狩春祠无一事，欢游洽宴多颁赐。
> 尝陪月夕竹宫斋，每返温泉灞陵醉。
>
> ——韦应物《白沙亭逢吴叟歌》

玄宗也乐意带着他，毕竟人家祖祖辈辈都是功臣良将，根正苗红，人又长得挺拔俊秀，还能言会道，带着这样的人在身边，才够体面够舒心。

就这样，不学无术的小混混韦应物彻底走上了人生巅峰。

什么？不公平？这世上就是有人出生就在罗马。这样的起点普通人望尘莫及。

出身、相貌、职业，这些硬指标他都占了先机，按理来说应该把

握好机会，重新做人。

可是荒唐如韦应物啊，愣是把一手好牌打了个稀巴烂。

因为运气等成分的加持，又缺乏一定的人生积淀，很容易认不清自己的真实水平。所以人们常说：少年得志，得一时；大器晚成，成一生。

所以啊，少年得志有时候不一定是好事。

除了包庇亡命之徒，滥行滥情，无视法纪，他依然保持了不爱读书的一贯习性：

> 一字都不识，饮酒肆顽痴。
>
> ——韦应物《逢杨开府》

即使当时获得了太学读书这么好的条件，他还是没有抓住这个提升自我的机会，依然在酒色中迷失自我。

在这首诗里他写尽了自己的年少荒唐，毫不讳言自己的荒唐历史，说他是史上自我检讨最真诚磊落的诗人也不为过。

· 3 ·

正如《逢杨开府》这首诗的后半部分所描述的那样，他的命运即将面临一场突如其来的变故。

公元 755 年，安史之乱爆发，唐玄宗带着杨贵妃仓皇出逃。

大唐从繁华中跌落深渊，而韦应物的命运也随着大唐一起降落谷底。

安史之乱一打就是七年多，七年多时间里整个大唐被搞得战火不断、生灵涂炭，韦家也不能幸免。

韦应物彻底失去了他的"金饭碗"。然而比失业更可怕的是叛军的洗劫，曾经的显赫家世在叛军眼里一文不值，安禄山、史思明这帮叛贼只管烧杀抢掠，哪里管你什么门庭出身，有钱没钱的都不放过。

韦应物一家被逼得无处藏身，昔日无限荣光、锦衣玉食、前呼后拥，如今朝不保夕、食不果腹、无衣避寒。这不堪的岁月都被他记录了下来：

……

可怜蹭蹬失风波，仰天大叫无奈何。

弊裘羸马冻欲死，赖遇主人杯酒多。

——韦应物《温泉行》

面对突如其来的灾难，仰天大叫之后却只有无可奈何，有次差点冻死饿死在冰天雪地中，得亏遇到好心人出手相助，这才吃上了一顿热乎饭，捡回了一条性命。

活过来的那一刻是韦应物人生中的梦醒时分，他想，不得不与过去的自己告别了。因为现在他不是为自己而活，还要为妻子和刚出生的孩子考虑。

· 4 ·

如果说家世背景是祖上留给他的第一份运气，那么婚姻则是人生赐予他的第二份好运。

安史之乱爆发后韦家已经没落，但是十六岁的元苹还是义无反顾地嫁给了他。

这元苹的出身可不一般，是北魏拓跋氏皇族后裔，琴棋书画，样样精通，绝对的名门闺秀加豪门千金。

试想，当一个人被全世界背叛和轻视，但他的爱人却没有半句怨言，依然生死追随，这人跟菩萨也没什么两样了。

元苹就是韦应物生命里的菩萨，水一般温柔，山一般端庄。她仿佛有用不完的魔力，永远可以轻松化解生活的一切不安与烦躁。她温柔贤惠，孝顺双亲，那样优秀高贵却又那样平和从容，婚姻让他对爱情也有了前所未有的震撼体验。

> 动之礼则，柔嘉端懿；顺以为妇，孝於奉亲。
>
> ——韦应物《元苹墓志》

他失去了金钱地位，穷困潦倒，妻子悄悄地变卖了嫁妆首饰，贴补家用。

提携属时屯，契阔忧患灾。

——韦应物《伤逝》

从前他眼里的爱情是低级的欲望，是少年风流，现在他眼里的爱情是欣赏是崇拜，是有话可说，有衷肠可诉。元苹饱读诗书，惊艳才情令他倾倒。

尝修理内事之馀，则诵读诗书，玩习华墨。

——韦应物《元苹墓志》

好的婚姻就是这样，渡人渡己。韦应物于乱世中得佳人良伴，不幸中之万幸。

对韦应物来说，安史之乱与其说是一场劫，不如说是一场历练、一个机遇。而元苹就是这场劫难和机遇中的救赎者和引领者。

从此以后，他像换了个人一样，拼命地苦读，从拂晓到日暮，从深夜到黎明，他要把那些挥霍掉的青春岁月全都找回来。

别人从小就开始努力，他二十岁以后才开始努力，起步已经比别人晚了一万步。

但他别无选择，他没有退路。

在翻烂了上千本书，写秃了无数支笔之后，他的学业突飞猛进，还未等参加科举，他的诗作就以光速般顷刻间闻名了整个京圈。人人都知道有个诗人韦应物横空出世了。

对于他的这种前后反差，人们一时还没来得及转变印象。

人们实在无法把当年的京城恶少和现时的惊鸿诗人，这两个截然不同的字眼联系起来，

好像是同一个人。不过又好像哪里有点不对劲儿。

或许是前二十年，他把该干的坏事都干尽了，发现人生空虚，幡然醒悟。也或许是优秀的基因终于觉醒，又或者是安史之乱这个催化剂起了作用，还有妻子的不离不弃唤醒了他。

总之，韦应物，不，大诗人韦应物终于开始了在历史上画上真正属于他的第一笔色彩。

· 5 ·

公元 763 年，二十七岁的韦应物终于凭着自己的本事赴任洛阳丞，开始了他的为官生涯。

靠自己就是不一样，有才学压身，心里再也不慌了。走到哪里，只要一说起他的文采，人人都敬佩得竖起大拇指。

回想以前那种生活，和现在的一对比，哪种感觉更硬气，不言而喻。

十几年间，他从洛阳到长安，在官场上兜兜转转，曲折迂回，但有妻子元苹陪伴，一切都有了意义。

只可惜，元苹没有陪他走到最后，公元 776 年，三十六岁的妻子在疾病的折磨下永远地离开了他。这一年韦应物才四十岁，正值壮年。

回忆起与妻子相濡以沫的这二十年，妻子跟着他没有过一天舒坦日子，不是贫困就是奔波。他不禁悲从中来，哭得像个孩子。

他哭自己作为男人的无能，哭自己醒悟太晚，哭妻子这些年的付出与辛劳却没有换来一个携手到老的结局。

他在战乱时、穷困时、失势后未曾流过一滴眼泪，却在妻子离去时肝肠寸断，哭得不成样子。

此后数年里他都活在对妻子的深深思念里，并写下了无数的悼亡诗。

　　昔出喜还家，今还独伤意。入室掩无光，衔哀写虚位。

　　凄凄动幽幔，寂寂惊寒吹。幼女复何知，时来庭下戏。

　　咨嗟日复老，错莫身如寄。家人劝我餐，对案空垂泪。

　　　　　　　　　　　　　　　——韦应物《出还》

都说苏轼的悼亡诗动人，但韦应物的悼亡诗却真切地写出了浸润在生活点滴中的对亡妻的刻骨思念：

从此以后我再也快乐不起来了，没有了你，世界也失去了光彩，门帘轻轻摆动就以为是你又回来了。五岁的小女儿又怎知从此失去母爱，短暂的嬉戏就可以让她忘掉忧伤，可是我忘不了。少年夫妻老来伴，中年才刚开始，你就抛下我。家人劝我吃饭，我泪流满面，哪里还吃得下去。

但他还是会好好地活下去，因为他答应了妻子要做一个好父亲、一个好人、一个好官。

他都做到了。作为一个父亲，他陪伴儿女长大，父女情深，孩子们从小没有妈妈，作为爸爸他加倍地疼爱她们。

尔辈苦无恃，抚念益慈柔。

——韦应物《送杨氏女》

大女儿出嫁时，他百般不舍：

永日方戚戚，出行复悠悠。

女子今有行，大江溯轻舟。

——韦应物《送杨氏女》

回到家后，看到小女儿，他又一次因不舍而泪流。

归来视幼女，零泪缘缨流。

——韦应物《送杨氏女》

而作为一个官员，他更是对得起一身的官袍。为官几十年来，无论是任洛阳丞，还是户县令，无论是任滁州刺史，还是苏州刺史，他都兢兢业业，时时刻刻把百姓的生活放在心里：哪怕身体抱恙，他也时时牵挂着民生，唯恐做得不好对不起这一份俸禄。

身多疾病思田里，邑有流亡愧俸钱。

——韦应物《寄李儋元锡》

苏州百姓也念着他的这份情，亲切地称呼他"韦苏州"。

苏州任职期满之后，韦应物本应回京候旨，等待新的任命，可是他却迟迟无法动身。原因令人唏嘘，他竟没有足够的钱作为返京的盘缠。为官数年来，他不曾给自己留下几分钱财，直到离世前只能暂住在永定寺。

苏州刺史是从三品级别，俸禄不低，可是他把大部分俸禄都用在了接济百姓和民生社稷上。

· 6 ·

多年的宦游生活，几经漂泊，韦应物的心性却越来越沉稳，看透了官场世故，看穿了人情冷暖，他也成了年轻人的榜样和知心大叔。

当异乡的外甥向韦应物诉说人生不得志，他以一首《简卢陟》回复：

> 可怜白雪曲，未遇知音人。
> 恓惶戎旅下，蹉跎淮海滨。
> 涧树含朝雨，山鸟哢馀春。
> 我有一瓢酒，可以慰风尘。

在这首诗里，他安慰外甥：人生其实充满了遗憾，有时候名曲也不一定能遇到赏识之人。我在这异地他乡、淮海之滨蹉跎岁月，无法追寻自己的理想，又何尝不是一种无奈。一路走来，我已经历了太多

的磨难，但此时此刻，我没有其他奢望，一瓢美酒，一次小憩，就足以抚慰我在尘世所有的辛劳。

多年前的那个蛮横狂妄、无恶不作的不良少年，如今看来好似昨日的一场梦，谁也想不到，他用了三十年的时间才脱下纨绔子弟的外衣走到了今天，成为盛唐和中唐时期杰出的诗人、文学家、官员。

五十五岁那一年，韦应物在苏州走完了他颠簸而动荡的一生，儿女们问他还有何憾事未了，他提起当年为妻子写的墓志铭："百世之后，同归其穴。"

他一定是不惧怕死的，因为有妻子更长久的陪伴等着他；他也一定是坦荡着离开的，因为他对得起每一位地方百姓；或许也曾有几分庆幸，庆幸自己为这世界留下了一些动人的诗篇。

后人将他与王维、孟浩然、柳宗元并称"王孟韦柳"，足见其文学地位。

多年后，南宋理学家朱熹由衷地夸赞他："韦为人高洁，鲜食寡欲，所至之处，扫地焚香，闭阁而坐，其诗无一字做作，直是自在。其气象近道，意常爱之。"谁能想到曾经那个放纵不羁的少年能得到这样称誉呢。

连苏轼也对他心生敬佩："独韦应物、柳宗元，发纤秾于简古，寄至味于淡泊，非余子所及也。"

这三十年，他经历了常人无法体会的寂寥与凄凉，也达到了常人无法企及的高度与荣耀，一身风雨从盛唐走来，随着大唐的命运起起伏伏，又远去在历史的烟海中。

被动乱的时代无情地抛弃，又在落寞与不堪中重塑自我。

尘世的风霜晕染了他的每一次生命印记。

而他并没有抱怨，也没有号叫，只静静地说了一句："我有一瓢酒，可以慰风尘。"

是的，一瓢酒，就足够了。

张籍

还君明珠双泪垂，恨不相逢未嫁时

——你以为的婚外情，其实是两个男人之间的故事

君知妾有夫，赠妾双明珠。

感君缠绵意，系在红罗襦。

妾家高楼连苑起，良人执戟明光里。

知君用心如明月，事夫誓拟同生死。

还君明珠双泪垂，恨不相逢未嫁时。

——张籍《节妇吟·寄东平李司空师道》

"恨不相逢未嫁时"——有多少人曾把这句诗想歪了：结婚前怎么就没有遇见你呢？要是能早点儿遇见你就好了。结婚后才邂逅梦中情人，多少有点儿遗憾。

明知对方是已婚妇女，还又送礼又表心意，将调戏良家妇女写得

如此清新脱俗，一股婚外情的暧昧感跃然纸上，不甘的情绪隔着纸张都能强烈地感受到，另觅良人的计划蓄势待发……

相见恨晚？造化弄人？

了解了这首诗背后的故事，估计你再也不好意思随便用这句诗表白了。因为它根本就不是一个爱情故事，而是两个男人之间的故事。

且听我缓缓道来。

·1·

故事还得从一千二百年多前说起，此时的大唐面临的最严重的形势当数藩镇割据。其中，以平卢淄青节度使李师道的气焰最为嚣张。李师道谋反之心已久，且势力不容小觑，拥兵十万，称霸一方。

别看这个名字，又"师"又"道"的，其实呀，本人的气质与名字毫不相干。此人既无师表，更无道义，为人凶狠残暴，烧杀抢掠，搞得国家一度生灵涂炭。

元和十年六月的一个凌晨，当一切还笼罩在静谧和沉睡之中，殊不知，一场震惊朝野的惊天谋杀案即将发生。

青石板路上一辆官轿在昏暗的光线中快速前行，家丁们手持灯笼紧随左右，轿中正是当朝铁腕宰相武元衡。武元衡此刻正在思考一会儿上朝见到皇上商讨削藩之事的细节。好在皇上态度坚定，与他的想法不谋而合，君臣一心，志在削藩。想到这里，武元衡颇感欣慰。

忽然，不知从何处飞来一支暗箭，"嗖"的一声，随从手中的灯笼应声落地，顿时，惊叫四起，火光一片，轿中的武元衡还来不及反应，肩部已中了一箭，随即左腿也受到重击，刺客身手极其利落，割下其头颅，扬长而去。

> 元衡宅在靖安里，十年六月三日，将朝，出里东门，有暗中叱使灭烛者，导骑诃之，贼射之，中肩。又有匿树阴突出者，以梃击元衡左股。其徒驭已为贼所格奔逸，贼乃持元衡马，东南行十余步害之，批其颅骨怀去。及众呼偕至，持火照之，见元衡已踣于血中……
>
> ——《旧唐书·武元衡传》

这还没完，杀红眼的刺客又继续奔往宰相助手裴度住处，一顿乱砍，好在裴度命大，跌下沟中，刺客以为他已死，才罢手离去。

一个时辰之内，一朝两位支持削藩的高官相继遇刺，一死一伤，顷刻间朝野一片惊恐，大臣们吓得不敢出门上朝。可想而知唐宪宗李纯此刻的心情，除了震惊，更多的是暴怒。

面对着四分五裂的藩镇割据，他好不容易有武元衡裴度之辈的得力助手，正要干一番大事，没想到藩镇竟然如此猖狂，杀到他眼前来了，这不是赤裸裸的挑衅是什么？

最可怕的是，李师道势力日渐增长，软硬兼施，一方面血腥屠杀主战派，另一方面，为了扩大自己的势力和影响力，他想尽办法拉拢有名望的文人官吏。

而此时全天下最应该吓出一身冷汗的是本故事的"男一号"——张籍了。因为就在前不久张籍刚刚拒绝了李师道的召唤。

敢拒绝李师道，这不明摆着找死吗？此刻他还能好端端地坐在堂前饮酒作诗，难道只是命大？

李师道杀一个有着数名随从的宰相都易如反掌，更何况这张籍不过是一个出身贫寒、没有什么显赫官名的文人。对李师道这样的超级魔头来说，想惩罚他还不是手指动一动的事情。

· 2 ·

看一个人的影响力可不能只看官职大小，有时候官职和个人能力、人格魅力不一定成正比。能被李师道拉拢的人，一定不是一般人。

这个张籍确实也不一般，虽然没有什么显赫的官职，但文学造诣极高，尤其乐府诗写得那叫一个深情细腻，连白居易也给予了他高度的肯定，说他的乐府诗水平在当时堪称翘楚：

尤工乐府诗，举代少其伦。

——白居易《读张籍古乐府》

年少时的张籍曾在洛阳求学，他曾向朋友感慨这段时间的艰苦："十年为道侣，几处共柴扉。"柴草堆里过夜，过着苦行僧般的生活。在那个交通不便的时代，远离家乡在外求学，十几年不能回家，是多么地煎熬啊！

也许只有出门在外尝过旅途艰辛的人才能体会到思家之情是多么强烈，他将对亲人的思念融进笔尖：

念君少年弃亲戚，千里万里独为客。

——张籍《远别离》

转眼又是一年秋风萧瑟，每年寒来暑往之季，家人都会寄来衣物，可今年的寒冬即将到来，他却迟迟未收到家中音讯，不由得开始胡思乱想，想家人是否安康，想家里是否有余钱度日……他要尽快写信去问问家中近况。在这样急切的心情下，他写下了著名的《秋思》一诗：

洛阳城里见秋风，欲作家书意万重。

复恐匆匆说不尽，行人临发又开封。

写的时候有千言万语，写完要检查好几遍，好不容易递交到了送信人手中，却还是不放心，又一次打开信封查看，唯恐忘记了什么重要的细节。

将一个思家之人的心理写得入木三分。

张籍作品的魅力就在于，看起来是那样一个普通平凡的场景，文字也简单直白，在他笔下却有一种让人感同身受的共情力。

王安石也为之动容，说他的诗："看似寻常最奇崛，成如容易却艰辛。"高手往往就是这样，能用最浅显的语言表达最深刻的情感。

张籍不但是大文学家韩愈的学生，也是元稹、白居易、裴度、李绅等人的好友，此外张籍积极推动新乐府运动，诗名远扬，是中唐时期当之无愧的代表人物。

这样优秀的履历、广泛的知名度和强大的影响力，不被盯上才怪！

张籍收到李师道的来信之后，也着实吓了一跳，信中大意是希望张籍能看清形势，弃暗投明。

其实当时的情况是，有不少文人因仕途受阻，空有一身才华却无法施展，面对朝廷的冷落，无奈之下选择了投靠藩镇。

当时韩愈的一个学生董邵南就曾遭遇仕途不顺，他面前有两条路，一条路是继续在落寞中等待未知的前途，另一条路是投奔藩镇立刻得到重视和荣华富贵。

韩愈对自己的这个弟子既心疼又遗憾。心疼他一身才华却屡不得志，遗憾于他最终在郁郁寡欢中投奔了藩镇。

> 连不得志于有司，怀抱利器，郁郁适兹土。
>
> ——韩愈《送董邵南游河北序》

而张籍的情况也好不到哪里去，他出身贫寒，好不容易中了进士，本以为可以有一番作为，却在此时因母丧守孝三年不能入仕。这让他原本坎坷的人生雪上加霜。此时的张籍有多穷，韩愈给张籍的好友孟郊写信时说："张籍现在经济状况实在堪忧，麻烦你替我去看望一下他。"

> 张籍在和州居丧。家甚贫，恐足下不知，故具此白。冀足下一来相视也。
>
> ——韩愈《与孟冬野书》

守孝期满后的几年内，张籍的事业依旧没有任何起色，生活依旧困苦，还患有多种疾病。虽身处泥潭，但他对文学创作的热情丝毫不减。他的诗名也渐渐为更多人所知，其中就有平卢淄青节度使李师道。李师道割据十二州，刺杀主战派，一副飞扬跋扈的气焰，恐怖手段令人发指。但他也知道此时需要一批有才之士的助力。

于是，张籍成了他的目标人物。

· 3 ·

对于长年在贫病交加中度日的张籍来说，李师道递来的这根橄榄枝实在诱人。只要他愿意，地位金钱统统都可以到手。只要他愿意，就可以不用再为下一个月的生活费发愁，也不用再为多年折磨自己的眼疾担忧。

但是他也深深知道，这根外表美丽的橄榄枝也长满了刺，接受它的代价就是背叛现在的朝廷。三十三岁时在长安进士及第时，被韩愈一次次鼓励和帮助时，他曾充满感恩。他的良师益友们，韩愈、孟郊、白居易、元稹他们还在这里奋斗着，如果接受了这根橄榄枝，就代表着他将彻底地失去他们。最重要的一点，他向来痛恨战争，他曾有故友在战乱中生死不明，那是他心中不可磨灭的痛。

前年戍月支，城下没全师。

蕃汉断消息，死生长别离。

无人收废帐，归马识残旗。

欲祭疑君在，天涯哭此时。

——张籍《没蕃故人》

这是一根有毒带刺的橄榄枝，可以让他丢掉前半生所有的积累，信仰、忠诚、友谊、名节，他从始至终都知道自己会做出什么样的选择。他只是在思考该以什么样的方式将这根橄榄枝退回。

他清楚地知道，李师道为人向来骄横残暴，如果他以傲慢的姿态一口回绝，以李师道的性格，绝不会轻易罢休。

答应吧，良心过不去，不答应吧，命过不去。人生就是这样，关键时刻总会面对一些重要的抉择，选对了就是柳暗花明，选错了就是万劫不复。但是无论做这个选择有多难，只要记住一点，坚持本心，不留遗憾就好。

回信是必须回的，而且得尽快回，可是这信怎么回复才能既不得罪对方，又能保全自身呢？

此刻，他体现出了超高的智慧与情商，思虑再三，写下了那首流传千古的《节妇吟·寄东平李司空师道》。

· 4 ·

第一眼读此诗，脑海里浮现的画面也许是我们大多数人所理解的：婚后遇到真爱怎么办。

前两句"君知妾有夫，赠妾双明珠"，"有夫"说明了叙述者的身份是已婚，你明明知道我不是单身，还是执意要送我一对明珠。你意欲何为?

男主角送上一份豪礼,女主角是会接受还是拒绝呢?就在我们猜测故事进展的时候,讲故事的人却笔锋一转,"感君缠绵意,系在红罗襦"。按理来说,已婚之人就不该接受他人暧昧的礼物,可是女主角却做出了一个令所有人惊讶的举动,她还是收下了,不但收下了还为其深情所感动,不但感动还用心将这对明珠系在了自己的红襦裙上。

就在我们以为女主角要开始恋爱脑,被突如其来的爱情冲昏头脑的时候,作者却笔锋一转,开始很认真地讲起了自己家庭:"妾家高楼连苑起,良人执戟明光里。知君用心如日月,事夫誓拟同生死。"我的家庭条件优越,丈夫也很优秀。你对我的这份情谊,我很感恩很珍惜,但是仅此而已。因为婚姻确实有先来后到,既然我已经与我的爱人有相守一生的誓言在先,那么我要做的就是终其一生去遵守这个誓言。轻易就说爱、随意放弃誓言的人,我想你也一定不会认同吧。

看到这里,终于恍然大悟,女主角真是厚道,她明明从一开始就知道自己会拒绝对方,但她还是用她的善良和真诚陪他演完了一个小小的戏。她知道爱一个人没错,每个人都有爱的权利,当然也有拒绝爱的权利。但只要对方没有伤害到她,尊重她,理解她,她就愿意给对方留一份体面,让这份爱体面收场。

最后一句"还君明珠双泪垂,恨不相逢未嫁时",女主角再一次用行动证明了自己的真实想法,双手将这对明珠奉还,这个举动其实就是彻底划清了双方的界限,不给对方留下念想,同时告诉对方,不是你不够好,你真的很好,我也很认可你这个人,但是时机不对,我们是成年人,成年人就该为我们各自的人生和家庭负责。如果一定要

怪，就怪命运吧。轻松化解难题于无形，也给了对方台阶，姑娘不愧是高手！

然而这首诗的意思真的是这样吗？

· 5 ·

再读一遍，张籍的题目透露了玄机，《节妇吟·寄东平李司空师道》，为什么张籍一个纯爷们儿要给李师道一个大男人写什么"节妇吟"？

原来呀，以男女爱情为主题来抒发爱国情怀是古诗词的一种表达手法。

在这首诗里，作者将自己比作已婚妇女，将李师道比作深情男子，将当朝皇帝比作良人。言下之意，我食君俸禄多年，早就是朝廷的人了，我很欣赏你，但朝廷待我不薄，咱做人不能昧良心，你说是不？

面对一个公然杀害朝廷命官的反贼，令满朝文武瑟瑟发抖的杀人狂，一着不慎就有可能性命不保。名节固然重要，但是能好好地活着不更好吗？有些时候并不是你拍案而起、眼睛一瞪，振臂高呼，大喊捉贼就能解决问题，反而还可能激化矛盾，得不偿失。

留得一条性命，一切都有机会。

所以，这首诗初看是深情，多看几遍，那字里行间都是贬损。只是李师道一介武夫，少喝了几年墨水，没有品出暗含的讥讽，确实有碍个人发展，干大事是要靠脑子的，可不是打打杀杀那么简单。

张籍凭着这首诗，化凶为吉，以忽悠为宗旨，以深情为掩护，躲过了一劫，还保了晚节，不愧是高手中的高手！

事实也证明张籍的做法是正确的，李师道后来不仅刺杀了宰相武元衡，还烧杀抢掠，给国家带来了混乱和灾难，唐肃宗削藩势如破竹，并发布《讨李师道诏》。

公元 819 年，李师道被部下刘悟斩杀。一方祸乱终于平息。此时张籍已经五十三岁，不知道当他听闻李师道死讯之时会作何感想。

他的做人底线和做官骨气拯救了他。

而前半生一直不得志的张籍，却在后来的人生里，境遇渐渐转顺，困扰多年的眼疾开始好转，官职屡屡升迁。公元 821 年他在韩愈的再次推举下，成为国子监广文馆博士，公元 828 年升国子司业，直到830 年离世。

人言人穷志短，张籍一生几乎都在贫苦中度过，可贫苦从未改变他的本心，他在缺吃少穿的岁月里，从未放弃写下一首首感人至深的作品。在他和白居易、元稹等人共同的倡导和推动下，新乐府运动得以向更具积极现实意义的方向发展。

都说穷则独善其身，达则兼济天下。可是张籍在穷苦的时候也并不是想着如何保全自身，而是时刻心系那些更苦更难的人。他自己已经那么难了，还不忘为百姓发声，在《行路难》《塞下曲》《野老歌》《征妇怨》等作品中随处可见对人民苦难的描述。

身居高位时的扶危济困固然令人感激，但身处低谷时仍能慷慨相助的人更令人敬佩。

张籍用他的一生为我们诠释了"穷且益坚，不坠青云之志"。

白居易

天长地久有时尽，此恨绵绵无绝期

——不是帝王爱情，是我的一生痴恋

你知道白居易前半生刻苦勤学，以至于少年白头，但你也许不知道，曾经的"三好少年"有一天也会纸醉金迷，大肆蓄妓，多情，你更不知道这一切的背后，只是因为年少时遇见的那个姑娘。

他是大唐最特殊的一个矛盾体，专情又多情，曾拥有最多的红颜，却错失此生唯一的挚爱。如果用一首歌来形容他的这段经历，这首《烟花易冷》简直是量身定做，强烈建议边听边看：

雨纷纷　旧故里草木深

我听闻　你始终一个人

斑驳的城门　盘踞着老树根

石板上回荡的是　再等……

· 1 ·

公元 772 年，春节刚过，河南新郑一个县令家传出一阵响亮的婴儿啼哭声，新生儿的出生给全家带来了欢喜和希望。谁也没有想到这个婴儿后来不但在文学和政治上都有巨大建树，更影响了中国和世界上千年。他就是唐朝三大诗人之一的"诗魔"白居易。

有些人从出生就注定与众不同。当小白居易长到六七个月的时候，乳母抱着他在书屏下玩，给他指过的字，他都能再次准确无误地在其他地方指出来。五六岁就学作诗，九岁就精通韵律。

> 仆始生六七月时，乳母抱弄于书屏下，有指"无"字、"之"字示仆者，仆虽口未能言，心已默识。后有问此二字者，虽百十其试，而指之不差。则仆宿昔之缘，已在文字中矣。及五六岁，便学为诗，九岁谙识声韵。
>
> ——白居易《与元九书》

小白居易的过人天资给父母带来了欣慰，但这份欣慰很快就被恐惧和不安代替。白居易出生时安史之乱虽然已过去了将近十年，但各路藩镇割据依然暗流涌动，几年时间，先是地方军阀李正己霸占了大半个河南，紧接着又是徐州战乱。

为了躲避战乱，白父不得不安排妻儿去宿州符离（今安徽宿州市符离镇）暂住。就这样，十一岁的白居易跟着母亲来到了异乡，开始了新的生活，也在这里结识了他的一生挚爱、邻家女孩——湘灵。女孩的笑容纯净得如同三月的山间溪水，清澈灵动，不染一丝世俗尘埃。

他们成了最好的朋友，一起度过了快乐的少年时代。随着年龄增长，又从最好的朋友到暗生情愫。十九岁时白居易为她写下了第一首表白诗《邻女》：

娉娉十五胜天仙，白日姮娥旱地莲。

何处闲教鹦鹉语，碧纱窗下绣床前。

这首诗将一位正值妙龄的邻家女孩写得无比动人。

此时的白居易已长成了十九岁的青年，湘灵也十五岁了。在那个时候，十几岁已是谈婚论嫁的年龄，白居易也早就在不知不觉中爱上了这个精灵古怪的女孩。

于是，他第一次跟母亲提起了湘灵。当然意料之中地遭到了母亲的反对。

就算母亲不反对，他与湘灵也无法走到一起，因为唐朝的婚姻法对结婚双方的身份有着诸多的限制，如：良贱不婚，官民不婚等。

白居易出身官员家庭，以后也必然是要走仕途的，而湘灵出身寒微。这份感情注定没有结果。

也许相识本身就是一种错。

· 2 ·

　　彼此深爱的两个人被迫分开了，但距离不但没有减少这份情谊，反而让思念越来越深入骨髓。后来的岁月里，他又为她写下过许多诗。

　　他无时无刻不在思念着湘灵，刚离开宿州，还未到江南，他就写下了：

　　　　泪眼凌寒冻不流，每经高处即回头。
　　　　遥知别后西楼上，应凭栏杆独自愁。

　　　　　　　　　　　　　　　　　　——白居易《寄湘灵》

白天想她时，他写下：

　　　　抱枕无言语，空房独悄然。
　　　　谁知尽日卧，亦病亦非眠。

　　　　　　　　　　　　　　　　　　——白居易《昼卧》

黄昏想她时，他写下：

　　　　黄昏独立佛堂前，满地槐花满树蝉。
　　　　大抵四时心总苦，就中肠断是秋天。

　　　　　　　　　　　　　　　　　　——白居易《暮立》

半夜想得睡不着觉时，他写下：

夜半衾裯冷，孤眠懒未能。

笼香销尽火，巾泪滴成冰。

为惜影相伴，通宵不灭灯。

——白居易《寒闺夜》

有一天他发现这些短诗都无法化解这份思念，更长的篇章才能让他得到暂时的平复：

九月西风兴，月冷露华凝。思君秋夜长，一夜魂九升。

二月东风来，草坼花心开。思君春日迟，一日肠九回。

妾住洛桥北，君住洛桥南。十五即相识，今年二十三。

有如女萝草，生在松之侧。蔓短枝苦高，萦回上不得。

人言人有愿，愿至天必成。愿作远方兽，步步比肩行。

愿作深山木，枝枝连理生。

——白居易《长相思》

一首《长相思》说尽了自己那既甜蜜又苦涩的爱情故事，其中一句"愿作深山木，枝枝连理生"如此熟悉。没错，它就是《长恨歌》"在天愿作比翼鸟，在地愿为连理枝"的前身。

湘灵也曾退却，"蔓短枝苦高，萦回上不得"，怕自己高攀不上。

但白居易坚定地给出了答复："人言人有愿，愿至天必成。"只要有心，就一定会胜利。

这时，毕竟还年轻，还对未来抱有期望，所以诗里尽管有无奈，但不绝望。而作《长恨歌》时，诗人与湘灵已经失散多年，也步入了中年，越来越悲哀地发现一切再难挽回，呈现出的情绪更加复杂和厚重。

· 3 ·

他是有心人，在思念的同时，也在争分夺秒地苦读，只要考取功名，一切都会改变。

公元 800 年，二十八岁的白居易终于高中进士。

可是他的地位越高，他和她的距离就越远，不只是地域的距离，更是时代强加的距离，是拼尽一生也无法逾越的鸿沟。

这份爱情过于纯粹，纯粹到除了爱情，一无所有；这份爱情也过于绝望，绝望到永远不可能得到世间一丝一毫的祝福。

十年后，三十八岁的白居易在母亲的安排下与同僚京兆尹杨虞卿的妹妹步入了婚姻。

人生最大的痛苦也许就是明明心有所属，却要和另一个人共度余生。

爱一个人怎么这么难，要经历距离、出身、父母、阶级等重重阻碍。到底是因为这份爱情足够坚韧，所以才能在阻碍中继续生长，还是因为有了这些阻碍，爱情才更具有生命力。无论是因为什么，不可否认的是湘灵这个名字已经在他心里存在了二十多年，他为她付出了最好的青春和漫长岁月，她是他远乡的精神寄托，是他独宿空堂时的心灵慰藉：

> 我有所念人，隔在远远乡。我有所感事，结在深深肠。
>
> 乡远去不得，无日不瞻望。肠深解不得，无夕不思量。
>
> 况此残灯夜，独宿在空堂。秋天殊未晓，风雨正苍苍。
>
> 不学头陀法，前心安可忘。
>
> ——白居易《夜雨》

新婚妻子在新婚的第一天就成为牺牲品。她明明是无辜的，为何要走进这注定被辜负的宿命？

可是白居易和湘灵又何尝有错呢？

他们都没错，错的是命运。

他们都败给了命运。

· 4 ·

其实这些年他从未停止过暗中寻找她，托宿州的朋友打听，找曾经的私塾同学，得到的回复都是湘灵一家早已搬走了。

寻爱不得，他把所有的精力都投入到了事业上。

也许，白居易生来就和劳苦大众有着不解之缘。也许，正因为湘灵，他才最能深刻地体会到老百姓的艰难和不容易。他把这份情也融

入到对底层人民生活的写作上。

虽然寻爱无果，但好在他还有为人臣子的使命感，还有为百姓仗义执言的侠义，有理想的生活总是值得继续向前的。结婚的同一年，他被任命左拾遗，有了向皇上进言的权力。他像开挂一样，把社会的黑暗面和鲜血淋漓的那一面剥开，写下无数老百姓的心声。

一首《观刈麦》，是农民在重税下辛苦一年却还要面临食不果腹的荒诞：

> 田家少闲月，五月人倍忙。夜来南风起，小麦覆陇黄。
>
> 妇姑荷箪食，童稚携壶浆，相随饷田去，丁壮在南冈。
>
> 足蒸暑土气，背灼炎天光，力尽不知热，但惜夏日长。
>
> 复有贫妇人，抱子在其旁，右手秉遗穗，左臂悬敝筐。
>
> 听其相顾言，闻者为悲伤。家田输税尽，拾此充饥肠。
>
> 今我何功德，曾不事农桑。吏禄三百石，岁晏有余粮，
>
> 念此私自愧，尽日不能忘。

他为那在寒冬中缺衣少穿、瑟瑟发抖的村民心痛：

> 八年十二月，五日雪纷纷。竹柏皆冻死，况彼无衣民。
>
> 回观村闾间，十室八九贫。北风利如剑，布絮不蔽身。
>
> ——白居易《村居苦寒》

《卖炭翁》里，我们看到的是：寒冷的冬天，早已冻得瑟瑟发抖的

老翁却还希望天再冷一些，只盼望能卖点炭钱养活一家人。在饥寒交加中，一帮当差的用半匹布强行收走了满满一车一千多斤的炭：

> 卖炭翁，伐薪烧炭南山中。满面尘灰烟火色，两鬓苍苍十指黑。卖炭得钱何所营，身上衣裳口中食。可怜身上衣正单，心忧炭贱愿天寒。夜来城外一尺雪，晓驾炭车辗冰辙。牛困人饥日已高，市南门外泥中歇。翩翩两骑来是谁？黄衣使者白衫儿。手把文书口称敕，回车叱牛牵向北。一车炭，千余斤，宫使驱将惜不得。半匹红绡一丈绫，系向牛头充炭直。

这些诗里，写尽了老百姓的苦寒，写尽了老百姓的悲凉，写尽了老百姓的凄惨和挣扎。

他为没有发言权的百姓发言，让他们的心声被看见。也因此得罪了权势，即便如此，他依然没有减少创作的热情。

如果作为一个男人，不能找回自己的爱人已经很失败，那么作为一个官员，不能保护那个弱势群体，不能尽职尽责，那才是更大的失败。

所有人都寻求着保全自身，只有白居易一个人孤独地战斗着。

他怒撑那些骑在百姓头上作威作福的官员们：

> 长吏明知不申破，急敛暴征求考课。
>
> ——白居易《杜陵叟》

当官的明明知道真相可就是不管，不但不管，还变本加厉地欺压百姓。

> 昨来新拜右丞相，恐怕泥涂污马蹄。
>
> ——白居易《官牛》

民工们辛苦铺的新路，丞相却大摇大摆地骑着马走在上面。

他最无法忍受的是江南大旱的那一年，这些官员们出行气派，享用着山珍海味的同时，衢州却因饥荒发生着人吃人的惨剧。

> 意气骄满路，鞍马光照尘。借问何为者，人称是内臣。
>
> 朱绂皆大夫，紫绶或将军。夸赴军中宴，走马去如云。
>
> 樽罍溢九酝，水陆罗八珍。果擘洞庭橘，脍切天池鳞。
>
> 食饱心自若，酒酣气益振。是岁江南旱，衢州人食人！
>
> ——白居易《轻肥》

公元815年，主战派宰相武元衡被藩镇刺杀，整个朝廷噤若寒蝉，人人都怕自己成为下一个被刺杀的目标，这时白居易站了出来。

于公于私他都会站出来：于公他是主战派，志在削藩；于私，他与武元衡交情深厚，同僚被杀，他怎会袖手旁观。

当所有人后退的时候，站出来的那个人就是英雄般的存在。

他向皇上进言，要求彻查刺客，引起了主和派的不满，给他扣了一顶"越职言事"的帽子，说他此时的身份只是太子左赞善大夫，不是谏官，一个官官不应该插手政治上的事情。

其中一个共事多年的同僚中书舍人王涯，更是想方设法罗织罪名，假造证据诬陷他。白居易终于亲眼见识了一回什么叫作：害你的都是你最熟悉的人。

于是，四十三岁的白居易在权贵们的诽谤下被贬往江州。

· 5 ·

这一次被贬给了白居易沉重的打击，也给了他重逢的惊喜，在去往江州的途中他偶遇了湘灵父女。

曾经他无数次想象过重逢，他想过在长安的闹市，也想过在宿州的农田，但他从来没有想到这唯一的一次重逢，竟然是在他被贬谪的路上。

当年意气风发的少年已添了些许白发，当年轻灵活泼的少女也容颜衰减。少年离别老相逢，曾经最亲密的人，在各自经历了岁月的风霜和人海漂浮之后，彼此看着对方，仿佛有千言万语，不知从何说起。

> 我梳白发添新恨，君扫青蛾减旧容。
>
> 应被傍人怪惆怅，少年离别老相逢。
>
> ——白居易《逢旧·其一》

然而，这份欣喜还未来得及细细品味，却又一次离他远去了。他已有家有室，湘灵却依旧只身一人。或许湘灵从一开始就清醒地意识到了结局的残酷，曾经只是因为门第悬殊不可能，现在更加不可能，

她面前的这位早已不是那个邻家小哥哥，而是别人的丈夫、别人的父亲，还是官员。

没有一句道别，湘灵又一次消失在茫茫人海。她实在是过于清醒，清醒得既残忍又决绝。

但是她不知道在白居易的心里有多在乎她，他甚至激动到以为这是在做梦，他怕这一切如梦消散。

久别偶相逢，俱疑是梦中。
即今欢乐事，放盏又成空。

——白居易《逢旧·其二》

直到湘灵已离去的那一刻，白居易终于意识到，此生他终究永远地和她错过了。

他还有很多话没有来得及说，很多事没来得及问，他还想好好地问一问这些年她去了哪儿？经历了什么？他甚至还没有来得及告诉她，三十四岁那年，他写下的那首《长恨歌》，就是为她而作：

悠悠生死别经年，魂魄不曾来入梦。

这是他的魂牵梦萦。

上穷碧落下黄泉，两处茫茫皆不见。

这是他的苦苦追寻。

　　七月七日长生殿，夜半无人私语时。

这是他的梦中相见。

　　在天愿作比翼鸟，在地愿为连理枝。
　　天长地久有时尽，此恨绵绵无绝期。

这是他无尽的遗恨和向往。

　　所有人都为他笔下唐明皇与杨贵妃的爱情故事所打动，却没有人知道，故事的背后，他自己才是那个男主角，湘灵才是那个女主角。

　　如果没有经历过刻骨铭心、感同身受的爱情，又怎会写下这般荡气回肠、催人泪下的诗篇。再也没有机会了！再也没有机会了！

　　能被白居易这样的人深爱该是多少人的梦想啊！

　　可是对湘灵，被白居易这样的人爱，既是幸运，也是不幸，见识过雄鹰又怎会爱上麻雀，拥有大唐"诗魔"纯粹持久的爱，也不得不承受极致的孤独。

　　白居易就是那只雄鹰，他与李白、杜甫并列为唐朝三大诗人。

　　新旧唐书都对他给予高度肯定：

　　《旧唐书·白居易传》称他："元之制策，白之奏议，极文章之壶奥，尽治乱之根荄。"

《新唐书·白居易传》赞他:"观居易始以直道奋,在天子前争安危,冀以立功。虽中被斥,晚益不衰。"

他倡导新乐府运动,提出:"始知文章合为时而著,歌诗合为事而作。"和其他诗人不同的是,白居易在国际的影响力也首屈一指,其作品曾流传到日本、新罗、暹罗等,并拥有众多忠实的国际粉丝。

这样绝无仅有的良人,遇见已是上上签。

数月之后,白居易在浔阳江头送别友人,坐在琵琶女面前,听着琵琶女倾诉自己的前尘往事,想到了自己那如出一辙的爱情与仕途——失去爱人,也失去了自己热爱的事业。前半生情场官场两失意,不禁悲从中来,发出了最悲凉的哀叹:

同是天涯沦落人,相逢何必曾相识,
……
座中泣下谁最多,江州司马青衫湿。

——白居易《琵琶行》

· 6 ·

这次被贬江州彻底地改变了白居易后半生的人生走向。

在江州之前,他仿佛有无尽的精力和斗志。那时的唐宪宗欣赏他的诗文,器重他,看好他,八年的时间里从九品县尉到翰林学士,又从左拾遗到五品太子左赞善大夫,他的升迁之路格外顺畅,令无数人羡慕。

为了回报这份知遇之恩，他直言进谏，以兼济天下为己任。

什么是兼济天下？就是造福社会。他为百姓诉苦，监督官府，他风风火火，不敢懈怠，却唯独忘了"独善其身"。

可是江州之贬如一记闷棍敲醒了他。

人心一旦被彻底伤透，便一句都不愿多说。执政者与当权者一次次让他失望。

> 宦途自此心长别，世事从今口不言。
>
> ——白居易《重题》

与其说他失去了斗志与激情，不如说他学会了放下。

江州司马是一份闲差，他失去了为民请命的权力，却收获了享受生活的自由。公元 817 年的四月，四十六岁的白居易与朋友们来到庐山爬山游玩，到达偏僻的大林寺，意外地发现了这里竟然藏着一片明媚春光，山下的桃花早已过了花期，这里的桃花却才刚刚开始吐露生机，等待绽放。

> 人间四月芳菲尽，山寺桃花始盛开。
>
> 长恨春归无觅处，不知转入此中来。
>
> ——白居易《大林寺桃花》

曾经费尽心思，苦苦寻觅的所有美好的东西，可能暂时藏在另一个天地里。不执着于过去，人生才会有新的体验。

他一点一点在放下。

面上灭除忧喜色，胸中消尽是非心。

——白居易《咏怀》

公元 820 年，他曾短暂地返回长安，先后升任知制诰、朝散大夫、中书舍人，此时穆宗荒政，朝廷充斥着派系斗争，一片乌烟瘴气。他请求外放到地方，先后任杭州刺史、苏州刺史。

既然跟他们说了没用，那就不如远离他们，不能兼济天下，他只求独善其身。

这几年他慢慢地开始学会了享受生活，

三十气太壮，胸中多是非。六十身太老，四体不支持。

四十至五十，正是退闲时。……

——白居易《白云期·黄石岩下作》

也开始发现生活的可爱之处：

几处早莺争暖树，谁家新燕啄春泥。

——白居易《钱塘湖春行》

尤其是在苏州和杭州的日子，成了他一生最美好的时光，后来每每回忆起来，那些江南美景依然不曾褪色，反而愈加鲜明生动。

江南好，风景旧曾谙。日出江花红胜火，春来江水绿如蓝。能不忆江南？

江南忆，最忆是杭州。山寺月中寻桂子，郡亭枕上看潮头。何日更重游？

江南忆，其次忆吴宫。吴酒一杯春竹叶，吴娃双舞醉芙蓉。早晚复相逢？

——白居易《忆江南》

在江南各地任职的日子里，他不只是寻求自我的精神慰藉，也做了许多救民的大事。

杭州常有旱灾，当地官员却不肯想办法疏通西湖水去灌溉田地，在白居易的发动和组织下，修筑西湖堤防，十万亩农田得以灌溉。疏浚六口古井，百姓用水问题也得以解决。

在苏州时，他兴修水利，开凿七里运河，后来期满离任苏州时，百姓们都因不舍而流泪。

闻有白太守，抛官归旧谿。苏州十万户，尽作婴儿啼。

——刘禹锡《白太守行》

朝廷的那些事，他不再上心，也不再吭声，只静静地在自己的一亩三分地里寻找快乐和价值。他好像变了一个人："世间尽不关吾事，天下无亲与吾身。"

这还是当年那个轰轰烈烈、勇往直前的白居易吗？每一个字都仿佛在说："我无所谓，你们随便。"

晚年蓄妓这一点曾被很多人诟病，也许只有他自己清楚，除了排解政治带来的失意，他也真的孤独。

年老时的放纵也许是因为青春期时就留在心底的沟壑，永难填满，永难修复。

但他善待她们，风烛残年，自知时日无多，他散金遣散了她们，而湘灵却仿佛那个最初的呼唤，遥远却又清晰。

他想了一辈子，爱了一辈子，盼了一辈子，他的记忆永远地停留在了二十七岁时被母亲强迫离开的那一个早上，往后余生，全是在失恋中度过。

往后余生，醒也是她，梦也是她，万般皆是她。

他曾无数次地寻找过她，在旧时的家里，在年少时的街巷中，可是邻居们说这家人外出很久没回来了。他们曾一起谈笑唱歌的那堵矮墙还在，只是早已杂草丛生。

他缓缓地蹲下来，一边拔着杂草，一边眼泪汹涌而出。他知道，今生今世他们永远地错过了。

欲入中门泪满巾，庭花无主两回春。

轩窗帘幕皆依旧，只是堂前欠一人。

——白居易《重到毓材宅有感》

一千多年后的某一天，我读着白居易的故事，手机里传来这首《烟花易冷》，极其惊人地相似，仿佛在诉说着同一个故事。

雨纷纷　旧故里草木深
我听闻　你始终一个人
斑驳的城门　盘踞着老树根
石板上回荡的是　再等……

看似繁花似锦的人生，只因缺了那一人，便是永久的遗憾。深深
爱过又错过的人，才能写下最动人的诗篇。

元稹

曾经沧海难为水，除却巫山不是云
——薄情诗人的悼亡诗和家国情怀

"曾经沧海难为水，除却巫山不是云"，我上中学的时候，帮左边的男同学给右边的女同学传纸条，其中一个纸条上就写了这样一句。正在上自习的我当时就沉默了。

"哥们儿，你这样写不怕挨揍吗？"我问。

"怎么？还不够深情吗？"

"那倒不是。足够深情，太深情了。"

"那还磨蹭啥？别耽误我终身大事。"

……

后来呢？

哪有什么后来。

他不听我的，非要把一首"渣男"的悼亡诗拿来给"学霸女神"

表白，你说他是不是有点儿缺心眼儿？

悼亡诗也就罢了，关键是这句千古绝唱的悼亡诗写完后不久，咱们这位作者"男神"就"移情别恋"了。所以啊，女孩儿们，可千万别光听好听的，什么"沧海巫山"。真实的故事分分钟刷新你的三观。

· 1 ·

那是一千两百多年前的一个浪漫初秋，公元 802 年，京城韦府。

韦府的主人韦夏卿曾担任苏州刺史、吏部侍郎、京兆尹等重要职位，这一年又改任太子宾客，是名副其实的高官。

此时的韦夏卿又喜又忧。喜的是他为小女儿韦丛挑选了一个内外兼修的上好佳婿，忧的是这个自己最宠爱的小女儿如今就要许配给人家离开他了。时间过得真快啊！一转眼小棉袄都要嫁人了，爱女心无尽，他真的是一万个舍不得。

韦丛自幼丧母，父亲一直觉得女儿缺失母爱，心中怜爱，从小就恨不得给她双倍的宠爱。他一定要为女儿选一个最完美的女婿。

看着仆人们在父亲的指令下来来往往为她准备嫁妆，韦丛心中无限憧憬，因为她即将迎来人生中最重要的时刻——嫁给风度翩翩的才子元稹。

……选婿得今御史河南元稹。稹时始以选校书秘书省中……

——韩愈《监察御史元君妻京兆韦氏夫人墓志铭》

元稹此时还只是默默无闻的贫寒青年，无论从哪个角度来看，都是元稹高攀了韦家，可韦家从上到下都对这个新女婿非常满意。

韦家对元稹的满意是有原因的，元稹当时虽只是一个初出茅庐的新人，但是论名气才气都是响当当，九岁就会写文章，十五岁就明经擢第。

这里稍作解释：当时的科举考试类型不少，但主要有两种，一种是进士，一种是明经[1]。

进士难考，我们熟知的范进中举就是一把年纪才考中，而明经相对容易，当然含金量不如进士。

但是元稹如此有才，为什么不去考进士呢？这也与他的家世和儿时经历有关。元稹八岁丧父，母亲郑氏含辛茹苦将他拉扯大，家中经济状况堪忧，为了能早日减轻家里负担，十四岁他就选择了去考相对容易的明经。

> 稹九岁能属文。十五两经擢第。二十四调判入第四等，授秘书省校书郎。
>
> ——《旧唐书·列传第一百一十六》

可是这两种考试天壤之别。所谓明经就是明习经学，考查的是考生对经史子集等知识点的记忆，而进士考的是策论，考查的是考生的

1　明经：科举考试的一种形式，不同于进士，比考进士相对容易。

思想水准。从考查内容就可以看得出，两者完全不在一个水平线。

这样的含金量想要在仕途上出头是远远不够的，元稹没有放弃，继续苦读，终于在二十四岁那一年，中书判拔萃科第四等，并入秘书省任校书郎。

而且元稹外形气质俱佳，从白居易后来对他的描述："仪行美丈夫"，"君颜贵茂不清赢"，"公受天地粹灵，生而岐然"等语句中可窥见一些元稹的风采。

元稹的诗文他更是早有耳闻，说是惊为天人也不为过，十几岁就写出了那首"悠悠此怀抱，况复多远情"的神仙之作。

能被韦夏卿看上，绝不是一般的青年才俊，必须是元稹这样要气质有气质，要模样有模样，要才情有才情，三百六十度无死角的完美男神。

韦夏卿看元稹，那是"岳父看女婿，越看越喜欢"，当真一表人才——才华在同辈中无人能及，年龄嘛，更合适了，二十四岁，比小女大四岁，一切都来得正好，天作之合呀！

如此内外兼修，韦夏卿相信自己的眼光不会错。

· 2 ·

这对元稹来说又何尝不是喜事一桩，在这个事事都要看背景靠关系的时代，一无所有的他如果能结成这样的婚姻，未来的仕途必将如虎添翼。

暂时的官场失意不是事，他相信自己的能力，只是缺乏一个机会。

于是在这个夜里，元稹做了一个痛苦却果断的决定：跟热恋中的女友彻底诀别，崔双文变成了前女友。

什么？前女友？

没错！你不会真的以为二十四岁的元稹在此之前感情经历一片空白吧？那你也太天真了。以元稹这样的优质男性，连韦夏卿这种见过大世面的人都称赞不已，更别说其他人了。

仰慕者虽多，可元稹一概没有放在眼里。三年前，一个偶然的机会，二十一岁的元稹在蒲州（山西永济市）任职的时候，曾在普救寺从土匪手中解救了一家富商。富商自然是千恩万谢。交往中，元稹惊讶地发现富商家的千金崔双文竟然是万里挑一的美人。才子佳人一相逢，便胜却人间无数，两人爱得死去活来，约会更是家常便饭，有诗为证：

拂墙花影动，疑是玉人来。

——元稹《答张生》

月色如水，夜色中一树桂花散发着醉人香气，墙上的花影随着温柔的晚风簌簌跳动，随之一起跳动的还有恋人的心。是坐立不安，是心急如焚，是一日不见如隔三秋，有一点动静都以为是对方的到来。这是多少热恋中的人都能体会的情景啊！这春风沉醉的晚上。

爱情对未婚的女子是整个世界，可是对一心向上攀登的元稹又算得了什么？他是断然不甘心在山西这个地方蛰居一辈子的，他的理想

远在朝堂。

不久，吏部选拔考试开启。元稹不得不重新思考自己的人生规划。崔家虽然是富商，经济状况自然不错，但是在那个"万般皆下品，唯有读书高"的年代，仕途才是他这样的文人唯一的出路。富商又能怎样呢？

他决定尽快给这段感情画上句号。

· 3 ·

人都说，要想放下一段旧情，最好的办法就是开启一段新感情。

对元稹来说，也许根本就不存在什么"放下"，因为他从未想过开始。对他而言，与崔双文，也许真的动了情，但这一切在前途面前是那样地不值一提。及时止损才是上策。

收到韦家橄榄枝的那一刻，崔双文就注定永远定格在他的回忆里了。多年后，为了弥补自己良心的亏欠，他写下了《西厢记》的前身《莺莺传》，这在《旧唐书·元稹传》里也有真实的记录。后来鲁迅先生也对此作出评价："元稹以张生自喻，述其亲历之境。"

张生与崔莺莺的动人爱情故事感动了无数人，背后的冷血你又了解几分？

这是一个千年不变的话题。对于一个官场上升期的男青年，面对两个选择：一个是隔壁超市老板的女儿，一个是市长千金；一个是曾经青春年华里的恋人，一个是未来飞黄腾达的跳板。

对于此刻的他来说不是更爱哪个的问题，而是哪个更重要。

人性的黑暗就在于，你永远猜不到那个上一秒还深情款款与你憧憬未来的人，下一秒就可能为了内心深处的私欲而将你永远搁浅在青春的回忆里。

也许你会说他够"渣"，但在那个门第等级制度森严的时代，对于一个初出茅庐的新人每一步都要走得小心翼翼，否则只会空有一身才华却苦等一生等不到出路。

对元稹而言，崔双文和韦丛，就如同每个男人生命中的"白玫瑰与红玫瑰"[1]，无论选择了谁，对另一个都会终生念念不忘，无论娶了谁，另一个都是白月光与朱砂痣，不能相伴，却铭记了一生。

二十年后的一个春天，元稹又一次来到当年与崔双文见面的那间寺庙，当年的情景还历历在目。也许是上了些年纪，往事总是轻易袭上心头。他早早地就醒了，夜色还未完全散去，一切笼罩在静谧中，寺中小狗撼动的钟声划破夜空。

二十年前他与初恋也是在这样的时分相见，空气中丝丝缕缕的花香传来，是的，就是这样的芬芳，初恋的味道，一辈子也忘不了。他的《春晓》说明了一切：

半欲天明半未明，醉闻花气睡闻莺。

犭因儿撼起钟声动，二十年前晓寺情。

仿佛看到元稹在那个清晨独自唱着爱情的挽歌："你不曾真的离去，

1　引自张爱玲《红玫瑰与白玫瑰》。

你始终在我心里，我对你仍有爱意，我对自己无能为力……总是容易被往事打动，总是为了你心痛。别留恋岁月中，我无意的柔情万种，不要问我是否再相逢，不要管我是否言不由衷。"[1]

· 4 ·

被韦家看上以后，元稹开始了他的风光人生。

攀上高枝，元稹身价倍增，韦家也彻底开拓了他的眼界，高门大院，亭台楼阁，来来往往的都是有头有脸的名人。

他忍不住写诗赞美："韦门正全盛，出入多欢裕。"言辞之间是满满的骄傲和自豪。韦家为他打开了一扇新的大门，他的人生从此迈上了一个新台阶。

婚后元稹惊奇地发现，命运对他的优待远不止这些。韦丛虽然出身优越，却没有一点公主病，出得了厅堂，下得了厨房，享得了富贵，受得了清贫。

如此贤妻，元稹也开始懂得知足，此前的个人情史也就暂时压制了。

他将大部分的精力都投入在了学业和事业上，婚后第三年他果然不负众望，与好友白居易同登"才识兼茂明于体用"科，并拔得头筹，获得了从八品左拾遗的职位。

左拾遗属于谏官的一种，主要职责是帮皇上查漏补缺，说得不好

1　摘自张国荣歌曲《当爱已成往事》。

听一点就是挑皇上的毛病。元稹从这一刻便开始了他"积极挑刺"的人生历程。这是他的本职工作，本无可厚非，但他在提意见的过程中，过于频繁而激进，三天挑一个小刺，五天挑一个大刺，时间久了皇上也烦，而这些刺大多数都是针对权贵势力，权贵们怎么会容得下他。

努力很重要，但方式方法也重要；天资很重要，但情商更重要。这也给了我们一些人生启发：有时候我们不一定非得用百折不回来证明自己的正确，适当的迂回也许会让未来的路更顺畅一些。

每个人都有自己的立场，立场既然存在，则一定是有原因的。别人不会因为你黑着脸高呼正义就屈服于你，因为维护自己的信仰和利益是每个人的本能。

对于元稹的做法，权贵们当然不会接受：凭什么要用你的信仰来制裁我们的利益？

坚持正义如果用错了方式就成了一意孤行。果不其然，不久元稹被贬为河南县尉。

屋漏偏逢连夜雨，政治上的失意刚刚到来，又传来母亲离世的消息，对于幼年丧父的元稹来说，母亲的逝去对他无疑是一次重大的打击。

· 5 ·

幸运的是元稹在经历这一切的同时，有一个人一直在默默地支持和奉献着。元稹本来就没有什么家底，大部分时间也都忙于事业，经济上没有什么积累，而韦父元母也相继离世，无人帮衬，所有的家庭

重担都落到了妻子韦丛身上。

她想方设法让爱人能过得体面，让生活能过得温馨。没有衣服就翻遍箱子找合适的，没钱买酒就变卖金钗。

顾我无衣搜荩箧，泥他沽酒拔金钗。

——元稹《遣悲怀三首·其一》

贤惠如韦丛，她所做的一切都是出自心底最深处对丈夫的爱。吃最粗的粮，穿最粗的布，结婚七年，生育六个孩子。终于在二十七岁这一天，她因劳累病倒了，带着对丈夫和孩子的无限爱意离开了这个人世。

想到妻子生前的种种付出，元稹写下了著名的悼亡诗《遣悲怀三首》，以及《离思五首》，其中最为世人熟知的是这首《离思（其四）》：

曾经沧海难为水，除却巫山不是云。

取次花丛懒回顾，半缘修道半缘君。

见识过了沧海的波澜壮阔，那些小溪小河再难入眼，领略过巫山云海的迤逦多姿，别的云彩都黯然失色。我俩的情意比沧海更加壮阔深远，比云海更加动人心魄，即使那万紫千红的花丛将我包围，我也提不起丝毫兴趣。不是因为我高尚，除了修身养性让我看淡一切，还有这世上独一无二的、我深爱过的你，让我再难爱上他人。

关于元稹怀念妻子的诗，还有《遣悲怀三首》中的另一首流传颇广：

> 昔日戏言身后事，今朝都到眼前来。
>
> 衣裳已施行看尽，针线犹存未忍开。
>
> 尚想旧情怜婢仆，也曾因梦送钱财。
>
> 诚知此恨人人有，贫贱夫妻百事哀。
>
> ——元稹《遣悲怀三首·其二》

这里不得不提到另外一句被很多人误读的诗——"贫贱夫妻百事哀"，有多少人都以为这句的意思是生活贫困导致夫妻感情不和，其实完全相反，它的真实意思是，妻子去世后，想到和妻子曾经的同甘共苦的经历，就忍不住伤心。

他甚至立下誓言："往后余生，我要用夜夜思念来报答你为我吃过的苦，受过的累。"

> 惟将终夜长开眼，报答平生未展眉。
>
> ——元稹《遣悲怀三首·其三》

· 6 ·

如果事情的走向就到这里，那也勉强算得上是一段佳话了，但是一切才刚刚开始。

爱妻下葬的那天，作为丈夫本应打理一切事务，可是，这个重要

的时刻，元稹根本就没到场。

妻子去世前，刚升任监察御史的元稹，却因弹劾不法官员，触动了旧官僚的利益，被外遣洛阳。

仕途受阻，爱妻病故，当人生中最痛苦的两件事集中到同一个时间点，元稹会做出什么样的选择：是回去送妻子最后一程，还是继续为事业拼搏？

如你所料，他选择了后者。只是写了一篇令人动容的祭文，请人在妻子灵前代读。

深情丈夫的"人设"不能倒。三首悼亡诗以最快的速度呈现。那时没有新闻，没有报道，没有短视频，消息闭塞，而传播速度最快、最令人信服的当然只有诗文了。世人都纷纷为诗里所描述的荡气回肠的爱情感动落泪。

事情还远远没完，更大的"雷"陆续浮出水面。就在妻子病故的同一年，公元809年，他在工作所在地四川结识了唐代四大女诗人之一——薛涛。

此前元稹只和小妹妹谈过恋爱，这一次，他遇到的是比自己大十一岁的成熟女性，又是另外一番风情。

成熟女性的风采和智慧，以及眼界和阅历都是普通女子所没有的，能和官场男性对话的女性更是凤毛麟角。薛涛便是这罕见中的罕见，她让元稹看到了另外一种巅峰女性的风采。于是两人谈政治谈文学，从国家大事到民生大计，无所不谈。

所以元稹没有回去参加妻子葬礼，真的是因为工作忙？在结发妻子病故的同时，还在和另一个女子谈情说爱。确实很忙。

薛涛爱他爱得死去活来，但是元稹真的会和她在一起吗？

因为薛涛的多重身份，不只是诗人，还是一名乐伎，这样的身份对元稹的仕途会有帮助吗？以咱们对元稹的了解，崔双文事件在前，理智如他，答案是显而易见的。

每到此时，就会想到苏轼，将歌舞班的王朝云赎身，毫不在意对方的身世背景。

而元稹为了自己的地位可以随时放弃感情，任何对其仕途没有帮助的人都可以清除，而且对"攀高枝"乐此不疲。

与薛涛分手后，元稹又与歌女刘采春打得火热。与薛涛都没有结果，与刘采春这样的身份更是逢场作戏。

你以为元稹只给妻子写过诗？那你就太天真了！他还给薛涛写过《寄赠薛涛》："别后相思隔烟水，菖蒲花发五云高。"倾诉自己的思念，多过盛开的鲜花，多过满天云彩。给刘采春写过《赠刘采春》："更有恼人肠断处，选诗能唱望夫歌。"字字可见对刘采春的倾慕之情。

但这丝毫不影响元稹果断地抛弃她们。后来，得知真相的刘采春一怒之下跳江自尽。

女人啊，明明知道他从不属于某一个人，还要为渣男搭上前途命运，也太不值了。

加上此前的《莺莺传》，还有给发妻写的诗，元稹不知道给多少女子都写过情诗。如果能穿越时空，真想问问他："对谁才是真的？"

他一定会信誓旦旦地说："其实对每一个都是真的，只是不同的时间段罢了。不信你看我的诗呀，都是真情实感。"

后来，元稹纳了安仙嫔为妾，三年后再度丧偶。第二任离世时，

他又不在身边，也许又是因为"工作忙"吧。

第三次婚姻，元稹又中了个"大彩票"，娶了"河东才女"裴淑。裴淑毫无怨言，任劳任怨，照料前妻留下来的孩子，照顾元稹的生活起居，这个家终于才有了家的样子。元稹后半生几度被贬，也幸亏有裴淑相伴才有了个依靠的港湾。

沧海与巫山仿佛早就成了上辈子的事情了。

· 7 ·

有人要问了："你说了半天他的个人感情，他对历史总有些贡献的吧？"

元稹这个人，其实是个复杂的个体。人性不是非黑即白，有时候我们也很难用好人或者坏人来简单地定义一个人。

抛开个人感情生活，元稹确实小有所成。

要说最大的贡献，不得不提到他与白居易倡导的新乐府运动。新乐府诗尤以白居易的《卖炭翁》与元稹的《织女词》最为著名。为老百姓写诗，为老百姓发声，写底层人民的水深火热，颇具现实意义，的确是中国诗歌的一个里程碑。他与白居易并称为"元白"。他俩是上天送给大唐的一份双重厚礼，是闪耀的双子星，他们共同制策奏议，推动文化政治的发展。

……元之制策，白之奏议，极文章之壶奥，尽治乱之根荄。

——《旧唐书·白居易传》

顺便提一下，白居易因上书切谏被贬江州司马，在赴任途中偶遇琵琶女，留下了名传千古的《琵琶行》，我们熟知的"座中泣下谁最多，江州司马青衫湿"，说的就是这个时期。

对于好友的被贬，最气愤的是元稹。此刻的他已经重病卧床，听闻好友被贬的消息，一气之下立刻起身写下了这首《闻乐天授江州司马》：

> 残灯无焰影幢幢，此夕闻君谪九江。
>
> 垂死病中惊坐起，暗风吹雨入寒窗。

能将垂死病中的元稹气得瞬间坐起来，这是什么样的神仙友谊啊！这份仗义早已超越了亲人。

白居易被贬江州司马期间，元稹也被贬通州司马，一个在南一个在北，山水数万重。在双双贬谪两地的灰暗岁月里，书信是他们彼此的精神寄托。当足够想念一个人，就会在梦里相见，白居易思念元稹，梦里都是他：

> 晨起临风一惆怅，通川溢水断相闻。
>
> 不知忆我因何事，昨夜三更梦见君。
>
> ——白居易《梦微之·十二年八月二十日夜》

元稹收到好友来信的时候正被疟疾缠绕，健康状况每况愈下，但

更让他痛苦万分的是连梦中相见都成了奢望。山水万重，书信难达，梦是他们唯一可以相见的可能，可在疾病的折磨下，他总是胡思乱想，越着急就越梦不到，甚至梦到一些不相关的人，可就是梦不到挚友。连做梦都不能如愿，还有什么比这更令人绝望的呢。

　　　山水万重书断绝，念君怜我梦相闻。

　　　我今因病魂颠倒，唯梦闲人不梦君。

　　　　　　　　　　　——元稹《酬乐天频梦微之》

　　元稹对白居易的感情超越了任何一个红颜知己。从最初的共同赶考，到入仕，到遭贬，人生的每次大起大落，他俩都彼此陪伴。

　　他对其他红颜知己是不是真的暂且不论，但对白居易一定是真的。

· 8 ·

　　元稹因屡次直言上谏，弹劾官员，屡次被贬。

　　他有个最大的爱好，就是喜欢"上疏献策"，从太子选老师到迁庙，从西北边事到弹劾不法官僚，大事小事都要跟皇上报告。

　　皇上倒是想器重他，可是他威胁到了权贵阶层的利益，权贵当然不会放过他。

　　从这个角度来看，元稹又好像并不是一个纯粹的上位者，还是不愿同流合污的。他也的确用一生心血在做对国家和百姓有益的事情。打击贪污腐败行为，减轻税收负担，平反冤假错案，帮助百姓对抗灾情，他对百姓是真的好。

公元 809 年那一年，发妻病故时，也是他的事业低谷时期。这一年，他因与朝中权贵及旧官僚斗争而被贬。

所以有人说他的这首诗："曾经沧海难为水，除却巫山不是云。取次花丛懒回顾，半缘修道半缘君。"不只是一首悼亡诗，也是借儿女之情表达他对皇上一如既往的忠心。

千古第一相思诗词，却从一开篇就充满了磅礴大气之感，这点倒也可以解释得通。

以我们对元稹文化水平以及用典水准的了解，他写的"沧海"与"巫山"这样的意象一定不是凭空想象的，果然在《孟子·尽心》篇中我们可以看到这样一句话："观于海者难为水，游于圣人之门者难为言。"意思是：领略过沧海的气魄，其他的水都入不了眼。聆听过圣人的教诲，其他言论都难入耳了。

"巫山云"这一典故源自《高唐赋序》："其云为神女所化，上属于天，下入于渊，茂如松榯，美若娇姬。"观赏过这世上最美的云雾盛景，别处的云都黯然失色了。

元稹太"喜欢"皇上了，皇上也一度对他委以重任。

这种通过写爱情来表达政治主张的写法，在唐诗中屡见不鲜，也不失为一种可能性。

长庆二年（公元 822 年），也就是妻子韦丛去世十一年后，元稹终于在唐穆宗的支持下登上相位，走上了他政治生涯的巅峰。

（长庆）二年……二月……辛巳，以正议大夫、守中书

侍郎、同中书门下平章事、武骑尉、赐紫金鱼袋崔植为刑部
尚书，罢知政事。以工部侍郎元稹守本官、同平章事。

——《旧唐书·穆宗纪》

九泉之下的韦丛如能得知，也许会有几分欣慰吧。

好的作品总是会被世人无数次地解读。没有对错。如今我们当然可以自由地去运用这些经典，但是我们还是想尽可能地从历史的蛛丝马迹中还原一个相对接近真实的故事，至少知道它们是怎么来的。

一句"曾经沧海难为水，除却巫山不是云"曾经被无数人猜测。因为诗人的复杂经历，我们从中揣摩出了各种意思。因为我们自己的个人经历，又赋予了它更加广泛的意义。

白云悠悠，斯人已去。这首诗，其中到底蕴含了怎样的爱恨悲欢，有多少辛酸往事，也只有当事人才知其中意味了。

温庭筠

懒起画蛾眉，弄妆梳洗迟

——什么？艳词？明明是君臣情分！

他是典型的"歌比人红"，随便提几句，你一定会觉得太熟悉了，"千万恨，恨极在天涯，山月不知心里事""玲珑骰子安红豆，入骨相思知不知"等等。

这些句子在影视、小说中的出现频率不是一般地高，甚至在朋友圈文案中也常见它们的影子，但人们却似乎对作者不甚了解。

他笔下的女子都各有故事，但故事的背后仿佛又隐藏着作者难以言说的苦闷和心事。

尤其是《甄嬛传》中的片尾曲："小山重叠金明灭，鬓云欲度香腮雪，懒起画蛾眉，弄妆梳洗迟。"将一个等待爱情而不得的女子，写得活灵活现，如在眼前，其实背后的真实意义可没那么简单，其中隐藏的可是作者温庭筠对朝廷的一片痴情啊！

　　和辛弃疾一样，温庭筠一生等待重用，但不同的是，他的仕途可真的是生生被自己堵死的。

　　公元 846 年唐宣宗李忱登基，此时的大唐早过了巅峰时期，距离灭亡也只剩下五十年的光景。然而他在晚唐帝国衰落前划亮了最后一根火柴，缔造了短暂的"大中之治"，这位皇帝不仅勤于政事，也对诗词音乐很有研究，尤其对《菩萨蛮》这个词牌情有独钟。

　　宰相令狐绹为了和皇上搞好关系，也想献上几首《菩萨蛮》，可是他擅长的是骈文，作词是短板，听说温庭筠的《菩萨蛮》写得好，于是打算请他帮忙代笔。

　　温庭筠一口答应，几天就写了二十首《菩萨蛮》。交稿的时候，令狐绹对他千叮咛万嘱咐，让他保密。

　　温庭筠拍着胸脯保证："放心吧，我的嘴最严了。"

　　果然，这些词得到了唐宣宗的喜爱。这二十首《菩萨蛮》里就有我们熟悉的《菩萨蛮·小山重叠金明灭》：

　　　　小山重叠金明灭，鬓云欲度香腮雪。懒起画蛾眉，弄妆梳洗迟。

　　　　照花前后镜，花面交相映。新帖绣罗襦，双双金鹧鸪。

　　这首艳惊四座的《菩萨蛮》带给了人们强烈的感官享受。

一幅"睡美人起床图"跃然纸上：

梦醒时分，女主角睁开惺忪的睡眼，使劲伸了个懒腰，慢悠悠地移到镜子前。她被镜子里的自己吓了一跳，昨天喝完酒忘了卸妆，此时眉形散乱，妆容狼藉，蓬松的乌发慵懒地垂在明艳的面颊边。无人欣赏的时光里，连画眉和梳洗都提不起精神。一个"懒"字，一个"迟"字，写尽了百无聊赖，一切都在懒散中进行，仿佛只有这样才能填满那漫长无尽的等待。梳洗完毕，再斜斜地插一支簪花，镜子一前一后，前照妆容，后照发髻，两面镜子里同时浮现出前后发髻上的两枚花饰，交相辉映。既然如此盛世容颜，为什么还这般懒散落寞？直到最后一句才恍然大悟，鹧鸪在古诗词中有"离愁相思"之意，连衣服上的鹧鸪都在秀恩爱，连鸟都成双成对，自己却形单影只。空付了大好年华。就这样，从睡眼蒙眬到情思倦怠，从自信到失落，一个闺怨女子的情绪变化在几句诗里展露得淋漓尽致。

整首词没有一句提寂寞，但寂寞却深深地藏在了每一句；没一个字写相思，却处处都是相思。

很多人好奇一个七尺男儿怎么能把女性的闺怨写得如此入木三分？其实哪有那么简单，其中一定有感同身受的触动，才能写出这样的句子。

要知道，这首词可是皇上想要的，那么当然要说给皇上听啊，但又不能写得那么直白。

"蛾眉"两字是这首词的点睛之笔，从屈原的《离骚》开始，"蛾眉"两字就代表了男子的高洁品质："众女嫉余之蛾眉兮，谣诼谓余以善淫！"

意思是恶妇们嫉妒我的品行，背地里诬陷我的名节。

在这里，温庭筠则是借女子的幽怨，表明了自己的一腔报君之心得不到皇上的垂青，感怀不遇。女子空有美貌被辜负，而自己空有一身才华却不被发现和重用，其中的遗憾和怅恨如出一辙。

不过，他仕途不顺怪不了别人，只怪他自己太"作"。

·2·

还记得之前令狐绹曾对他特意叮咛，帮忙代笔之事千万不要传扬出去："此事你知我知，天知地知。"

可是眼看着《菩萨蛮》的名声越来越大，温庭筠虚荣心收不住了，很快将秘密公之于众。

> 出入令狐相国书馆中，待遇甚优。时宣宗喜歌《菩萨
> 蛮》，绹假其新撰进之，戒令勿泄，而遽言于人。
>
> ——《唐才子传·温庭筠传》

此时的温庭筠是令狐绹府上的宾客，令狐绹是他的幕主，作为幕僚本应全心维护幕主形象，可他反其道而行之，让自己赖以生存的幕主脸面丢尽。这一举动极大地满足了自己的虚荣心，却刺痛了令狐绹的自尊心。

这世上啊就是有这么一种人，依靠别人还瞧不上别人，既想得到别人的帮助，又对别人极力挖苦讽刺。

温庭筠将这一点展现得淋漓尽致，他不但没有遵守诺言，还见缝插针地嘲讽令狐绹。说他是"中书省内坐将军"，意思是一个大老粗当文官，暗指对方没文化。

唐宣宗热衷于文学创作，有一次写诗时，上一句中用到了"金步摇"三字，却不知道下一句该如何对仗，于是随口问令狐绹，令狐绹当然答不出，恰逢此时温庭筠走进来，便不假思索地回答："玉条脱。"

宣宗对这个答案非常满意，连声赞叹，令狐绹也转身问温庭筠这个典故出自哪里，温庭筠竟然颇为不屑地答道："《南华经》呀，这不是什么生僻的书，您工作之余是不是也该多读几本书。"

> 绹又尝问玉条脱事，对以出《南华经》，且曰："非僻书，相公燮理之暇，亦宜览古。"又有言曰："中书省内坐将军。"讥绹无学，由是渐疏之。
>
> ——《唐才子传·温庭筠传》

敢在皇上面前如此贬低奚落和教训一朝宰相、自己的上级，纵观历史，也几乎没人敢这么做吧？我们可以不畏权贵，但不代表要通过揭他人的短来显示自己的优越。

做人留一线，日后好相见，这是温庭筠读尽圣贤书也没有悟到的道理。

什么？你以为此时的温庭筠还年轻？告诉你吧，此时他已经人到中年了。

但是，一个人的年龄和成熟度有时候并不成正比。

更可悲的是，这样的人还不自知，还深陷在自己的才华里无法自拔，不知道问题出在哪儿。

当然我们并不是说情商高就一定要圆滑，但是既然答应了别人，就应该遵守承诺。这是做人的基本修养。

其次，做人啊，还是低调一点好，不要有点儿成绩就谁都瞧不上，那样只会招来更多的嫉恨。

多年后，温庭筠写下："终知此恨销难尽，辜负南华第一篇。"他后悔了，可惜一切都太晚了。

· 3 ·

其实温庭筠还是有点儿高调的资本的，他的祖上温彦博曾是唐朝初期太宗时期的宰相。

也许是因为名门之后的缘故，他骨子里自带一份优越感。

> 予先祖国朝公相……食采于并汾也。
>
> ——温庭筠《开成五年秋书怀一百韵》

虽然到他这一辈家族势力已没落，贵族的荣耀早已不再，但优秀基因却在温庭筠身上继承了下来，自幼过目不忘，读诗写文一点就通。不幸的是八岁那年父亲去世，本来就家族没落，再加上丧父，真是雪上加霜，一个母亲带着几个孩子的日子更不好过。

也许是上天不想让名门之后就这样被埋没，十二岁那年，温庭筠幸运地迎来了一个转机，父亲的生前好友，时任刑部尚书的段文昌伸出了援助之手，温庭筠与其子段成式年龄相仿，于是让他俩做伴一起读书。

从此温庭筠随着这位恩人大伯从江淮到荆楚，从塞北到江南，开拓了不少眼界。

直到二十三岁时，段父去世，温庭筠也到了该自我闯荡的年纪，于是与一起长大的好兄弟、好伙伴段成式作别，踏上了去往长安的科举之路。

不幸的是，第一次考试温庭筠就落榜了，此后十几年屡试不第。但没考上并不是因为他水平不够，恰恰相反，他还取得了不错的成绩，名列前茅。

只是他的"污点"更多地掩盖了才华，这些污点每一个拿出来都令人摇头叹息。

首先，他常常流连忘返于青楼酒肆，夜夜笙歌是生活标配，几乎每天都在酩酊大醉中度过，这导致了他声名狼藉。

> 初至京师，人士翕然推重。然士行尘杂，不修边幅，能逐弦吹之音，为侧艳之词，公卿家无赖子弟裴诚（裴度子或侄）、令狐滈（令狐绹子）之徒，相与蒲饮，酣醉终日，由是累年不第。
>
> ——《旧唐书·温庭筠传》

其次，他不但爱逛，还总拿着别人的钱逛。他有个当官的远房亲戚名叫姚勖，非常欣赏温庭筠的才华，于是在生活和学习上资助他。可是，温庭筠在短短数日内就将这笔钱挥霍一空。把这个亲戚气得又是摇头，又是叹气。

这种事情在现代相当于有志愿者资助贫困学生，可有的贫困生却把钱用在了追求名牌上。

此外，在政治上他也站错了队。他曾因诗名显赫而幸运地成为庄恪太子的伴读，这本来是多么重要的扭转命运的机会呀！可温庭筠脑回路清奇，作为伴读不但不督促太子勤学上进，反而整天带着太子一起玩。

太子因不务正业被"弹劾"，不久就郁郁而终了。温庭筠的有力靠山就这样倒了。可以说是凭一己之私葬送了太子和自己的前途。

交友不慎能不能改命咱不知道，但是有时候能要命啊！

当然，最最重要的一点，还得是他当年得罪了宰相令狐绹。有时候很难想象，一个在学业上如此优秀的人，怎么在为人处世上就是一窍不通。

明明知道那是宰相，既是上级也是长辈，却硬是不守约定，把宰相的脸面扔在地上摩擦，让宰相在世人面前出丑，宰相岂能饶了他？

就算考试成绩不错，宰相不动声色撂下一句："此人品行不端，不予录取。"不也前功尽弃吗？

温岐有才无行，不宜与第。

——《唐才子传·温庭筠传》

所以啊，温庭筠根本就是亲手把自己的仕途给作没的。

当一件事出了问题，可能是别人的原因，可如果很多事情多次出现问题，那极有可能是自己的问题。

只可惜，温庭筠过于倚仗自己的才华。自信过了头就是自负，就注定要在现实中撞得头破血流。

· 4 ·

"科场"久久不见起色，年事渐长的温庭筠也早已对科举不抱希望。但毕竟有家人子女需要养活，为了生活，年近五十岁的温庭筠不得已离开长安远赴隋县投奔徐商。

有真才实学的人哪怕再坎坷，也终会与伯乐相遇。徐商就是他人生中那位难得的伯乐，因时任襄阳节度使的徐商欣赏他的才华，他才得到了这份来之不易的工作机会。

年轻时的任性要用后半生的辗转劳顿作为代价。年近半百的温庭筠，又一次背起行囊，踏上了去国怀乡之路。年轻时总想着游遍天下，可年龄大了，才发现最难回去的是故乡。

途经商山时，留宿在驿站，他写下了那首充满了羁旅之思的代表作《商山早行》：

晨起动征铎，客行悲故乡。

鸡声茅店月，人迹板桥霜。

槲叶落山路，枳花明驿墙。

因思杜陵梦，凫雁满回塘。

这幅早行图有声有色，充满了画面感：

为了谋生不得不早起踏上征程，马车上的铃铛声在清晨的小路上显得格外响亮。二十岁时总觉得离家越远越好，能看见更大的世界，寻找更大的梦想，五十岁时，还有谁想离开生活多年的家乡呢？

鸡鸣声划破了夜空，天还未完全亮，月光的清辉照耀着整个茅店。以为自己已经起得够早了，可结霜的板桥上已经留下了早行者的足迹。落叶铺满山路，依稀看到晨光里白色的花在墙角悄悄绽放。昨天又梦回杜陵老家，梦到鸭子和大雁在池塘里嬉戏。唉，才刚出发就又开始想家了。

整首诗没有一个"早"字，但每一个景色都暗示了"早"，没有一句叹息，却字里行间都充满了无奈和不得已。

不得已早起，不得已出发，昨天晚上还梦回住所，今天就又要奔赴远方。鸡叫、茅店、月色、人迹、板桥、凝霜，一幅寒秋图清晰了起来，仿佛能听到清脆的鸡鸣声，也能感到霜的寒气。

可就是这样的不得已得来的职位也没有维持几年。徐商调任，温庭筠又一次丢了工作，也又一次陷入了穷困潦倒、到处闲逛的窘境。有一次喝酒喝到半夜，犯了宵禁，遇到巡夜的虞侯，耍起了酒疯，竟公然挑衅，结果不善武力的他被打掉了门牙，脸上也挂了彩。

温庭筠好歹也是个读书人，被人当街痛扁这事要是传出去，自己以后哪有脸混社会。

可他竟然还不长记性地向令狐绹告状，令狐绹本就因当年《菩萨蛮》代笔一事对他怀恨在心，再加上温庭筠从来不主动拜访他，有事需要帮忙才来找他，更是气不打一处来。于是，令狐绹直接宣判虞候无罪。

温庭筠到处申冤，可最终也没了下文，这顿打算是白挨了。

他在快退休的年纪再次落魄潦倒，令人扼腕。明明有才华，也有过机会，可他硬是用亲身经历演绎了什么是将一手好牌打得稀巴烂。

· 5 ·

也许是否极泰来，三年后温庭筠终于等来了他的人生高光时刻。徐商拜相后，推举温庭筠当了国子助教，并主持秋试。

当年的高考落榜生，现在成了主试官。温庭筠决定撸起袖子大干一场。

秉着公开公正公平的原则，他将写得最好的三十篇文章公示出来，接受大众的评判。

其实这对百姓、对考生们来说，不失为公平正义的举措。但是他的工作方式出了很大的问题——在执行之前，他根本没有和上级沟通。

更要命的是，所公布的文章中有不少是揭露时弊、针对权贵的，这无疑触犯了权贵的利益，引起了当权者们的不满。

于是，新上任的宰相杨收一纸调令又将他贬到了方城做县尉。

就这样，转了一大圈，他又回到了起点。

可是这次，他再也没有翻盘的机会了。因为几个月后，他就在贫病交加中离世了。

从此，潇洒文人的悲催人生，终于画上了句号。

他的诗词中，无数次地出现过美人，其实，那些美人从来不是特定的某一个人，而且每一个美人都在苦苦地等待中。

这难道不正是他的真实写照吗？人们都只看到了那浓烈艳丽的表面，却从来不曾体会这背后隐藏着的是他同样热烈的政治追求，这份追求里满满的是对自己怀才不遇的寄托。

他的词写尽了失望：

> 梳洗罢，独倚望江楼。
> 过尽千帆皆不是，斜晖脉脉水悠悠。[1]

失望中包含着期待：

> 满宫明月梨花白，故人万里关山隔。[2]

写尽了相思：

> 玲珑骰子安红豆，入骨相思知不知。[3]

1　温庭筠《望江南·梳洗罢》。

2　温庭筠《菩萨蛮·满宫明月梨花白》。

3　温庭筠《新添声杨柳枝词》。

写尽了悔恨：

> 千万恨，恨极在天涯。山月不知心里事，水风空落眼前
> 花。摇曳碧云斜。[1]

也写尽了离愁：

> 梧桐树，三更雨，不道离情正苦。一叶叶，一声声，空
> 阶滴到明。[2]

他词中的美人永远是那样孤独落寞无人欣赏，正如他空有一腔抱负却无人赏识，无处施展。相信以温庭筠的才华，一定不止于不停地写儿女情长。他的那次短暂的科举改革，也恰恰说明了他其实真的有志于做一个造福百姓的好官。

他也曾在建安七子之一陈琳墓前发出了"词客有灵应识我，霸才无主始怜君。……莫怪临风倍惆怅，欲将书剑学从军"[3]的感慨。意思是：陈琳先辈啊，我多么羡慕你能得到明主赏识，我也多么想像您那样带上书剑去从军征战。

我们不懂他，也许是因为我们太肤浅和偏执，从来不曾仔细地聆听他的内心。又或者说是年轻时的他太随性任性，根本不给我们一个

1　温庭筠《梦江南·千万恨》。

2　温庭筠《更漏子》。

3　温庭筠《过陈琳墓》。

了解他的机会。

陈廷焯说他："终唐之世，无出飞卿右者，当为《花间集》之冠。"中国历史学家范文澜说："李商隐是旧传统的结束者，温庭筠是新趋势的发扬者。"郑振铎也给出了相似的评价："这时代（晚唐）的代表作家，无疑是李商隐与温庭筠二人，其余诸作家，除杜牧等若干人外，殆皆依附于他们二人的左右者。"

可见，温庭筠在文学史上地位之高，对后世影响之大。

如果人生还能重来一次，如果温庭筠在个人性情上稍加收敛一些，也许，他会成为一个朝堂居高位者。但同时，他那哀怨的词作会少很多，而文学史上也就少了一个"花间词鼻祖"。

但是没有如果，而历史和文学的精彩，不就在于独特的个人经历和与众不同的性情所碰撞出的火花吗？有这些传奇流传千古就已足够。

柳永

忍把浮名，换了浅斟低唱

——其实我从未放下，其实我言不由衷

公元 1018 年（宋真宗天禧二年），三十五岁的柳永经历了人生中的第三次落榜，一气之下他写下了《鹤冲天》：

> 黄金榜上，偶失龙头望。明代暂遗贤，如何向。未遂风云便，争不恣狂荡。何须论得丧。才子词人，自是白衣卿相。
>
> 烟花巷陌，依约丹青屏障。幸有意中人，堪寻访。且恁偎红倚翠，风流事，平生畅。青春都一饷。忍把浮名，换了浅斟低唱。

虽然落榜，但字里行间充满着文人傲骨，尤其是"忍把浮名，换了浅斟低唱"这一句：考不上又怎样，我能写出现象级爆文，虽然没

有官袍在身，但不影响我白衣飘飘的贵族气质。

不就是功名嘛，不好意思，本公子不稀罕。

满纸的书生傲气。

可是，他真的不稀罕吗？

· 1 ·

公元1034年，垂帘听政十一年之久的太后刘娥去世，宋仁宗终于进入了国家权力中心，并对之前所有落榜学子开恩科。这是宋仁宗的起点，也是柳永的起点。

正是在这一年，前后经历了三十年科考，四次落榜的柳永终于中了进士。而此时的柳永已经五十岁高龄了。

这个人生的起点来得有点儿晚。

为了这一天，他等了半辈子。

网上流传着很多关于宋仁宗不待见柳永的传说，这真的冤枉了宋仁宗。其实柳永前几次科考时，宋仁宗还年幼，当时的执政者是宋真宗，后来宋仁宗虽然当上了皇帝，但执政者却是垂帘听政的太后刘娥。

宋仁宗掌权后刚开了恩科，柳永就考中了，所以宋仁宗可不是那种小心眼的人。

那么，凭柳永的才华，为啥三十年屡考不中？主要还是因为他的文风。

当时朝中官员以北方一派为衡量标准，写文章追求实用主义，而南方来的柳永却因为南唐的影响，辞藻华丽得如同闪耀着五彩光芒的水晶。

顺便提一句，柳永的父亲柳宜曾经是南唐后主的近臣，是李煜词的绝对拥护者。李煜的词有多华丽不用多说，字里行间都是春花秋月百转柔肠，妥妥的薄命君王加千古词帝。

南唐有这样的一个带头人，出现柳永这样的风格也不奇怪。但问题就在于他参加科考的时代可是在北宋。甲之蜜糖，乙之砒霜。这华丽丽的文风传到了北宋文化圈，可就被批斗得无立足之地了。

宋真宗曾严厉地指明了科举方向：

读非圣之书，及属辞浮靡者，皆严谴之。

——《宋史·本纪第七》

这等于是皇上直接给全体考生画了考试范围："都给我写点实在的，别搞那些哗众取宠的。"

可柳永的词实在是太红了，还没等参加考试，火爆程度已经超越了百分之九十九的考生。皇上都发话了，还敢红得这么放肆，这要是录取了，不等于皇上打自己脸吗？

所以，落榜在所难免。

是明眼人眼中的预料之中，可是不在柳永的预料之中。也许是性情使然，也许是他压根儿就不想改变，也不是那样式儿的人。让一个天马行空的人忽然朴素刻板起来，那种难受劲儿，只有当事人才能懂。

·2·

柳永有多天马行空，说出来，你可能不信。

十八岁那年，柳永第一次离家赴京赶考，走着走着，走偏了，因为路过了人间天堂——杭州。暖风熏得他如痴如醉，胜景晃得他云里雾里，数不清的大酒楼小酒馆，看不尽的大美女小歌伎。小地方来的孩子见到大城市的繁华，怎一个"惊"字了得！

考试？哪有玩重要！反正才十八岁，先挥霍几年青春再说。柳永很自信："凭我的能力，科举肯定没问题。"

别人想的是：科举考不上，青春也没有意义了。

柳永想的是：科举永远都在那里，可是青春错过就找不回来了。

科考都能耽误，这心得有多大啊！但年轻的柳永就是有这份自信，他确实也有实力支撑他的自信。在杭州玩耍的第二年，柳永去拜谒两浙转运使孙何，献上了新作《望海潮》：

> 东南形胜，三吴都会，钱塘自古繁华。烟柳画桥，风帘翠幕，参差十万人家。云树绕堤沙，怒涛卷霜雪，天堑无涯。市列珠玑，户盈罗绮，竞豪奢。
>
> 重湖叠巘清嘉，有三秋桂子，十里荷花。羌管弄晴，菱歌泛夜，嬉嬉钓叟莲娃。千骑拥高牙，乘醉听箫鼓，吟赏烟霞。异日图将好景，归去凤池夸。

这哪里是一首普通的词，这分明就是一份高质量的城市宣传词："烟柳画桥，风帘翠幕，参差十万人家。……市列珠玑，户盈罗绮，竞豪奢。……三秋桂子，十里荷花。"明明是文字，却神奇地有着图画般的色彩和展现力，还有"羌管弄晴，菱歌泛夜，嬉嬉钓叟莲娃。千骑拥高牙，乘醉听箫鼓，吟赏烟霞"，咦，这文字还可以发语音！有人声有音乐。

这样的城市美景，道尽了杭州的风雅，说透了江南的繁华。

这首词不但成了柳永"大宋好歌曲"的成名曲，还差点引发了一场战争。

一百多年后这首词传到了金朝皇帝完颜亮的耳中，完颜亮为词中美景倾倒，被激发出了挥师南下的斗志，当即表示：

> 万里车书尽会同，江南岂有别疆封？
> 提兵百万西湖上，立马吴山第一峰。
>
> ——完颜亮《南征至维扬望江左》

仿佛在说："既然你那么美，就别怪我耍流氓啦。"

一首美不胜收的词换来一首杀气腾腾的诗和多年后金人的南下攻宋。这是后话。

这首词没有换来助力仕途的效果，却被教坊歌女们争相传唱。柳永在赶考的路上走红，年少成名的快感、被万人追捧的满足，让他迟迟不愿离去。

年轻的时候总觉得岁月足够漫长，总以为未来遥遥无期，用一整

个下午打盹儿，用一整个夏夜等花开，用一整个清晨感受万物，却唯独忘记了前行。

青春好像永远看不到尽头，老去好像是很遥远的事情，不如慢些走，再慢些走。于是他将科考计划延期，沿汴河而上，从杭州到苏州、扬州，混迹了一遍烟火繁华。一转眼六年过去了，公元 1009 年，二十六岁的柳永终于走进了汴京考场。

· 3 ·

柳永给自己规划得挺美好，二十六岁之前趁着年轻该玩的都玩遍。

二十六岁以后顺便考个状元。对，就这么安排。到时候考上了状元，当了官，就不能自由玩耍了。

就凭着自己这一身的出众才华，考个状元啥的那还不是轻而易举。

好像考个状元就是板上钉钉的事。

他的自信不是没有来由的，进入考场之前，他已经出过了太多的代表作，每一个都堪称热榜榜中榜，热度长期居高不下。

杭州的《望海潮》一词出，天下知；苏州的《双声子》"三吴风景，姑苏台榭……江山如画，云涛烟浪"写尽了千古遗愁；扬州的《临江仙》"扬州曾是追游地，酒台花径仍存"满是追忆。

还未开考便已天下皆知，傲气和名气同时蔓延到了整个京城。

还没开始考呢，他已经想好了上榜后的欢庆场面。

对天颜咫尺，定然魁甲登高第。待恁时、等著回来贺喜。

——柳永《长寿乐》

可人生啊，有时候就像唱歌，该低调的时候太高调了，那必定跑调。

放榜那天，柳永一遍又一遍地在榜单上寻找自己的名字，却怎么也找不到。他不信，他的文采明明可以让天下人心动，为什么会连上榜的最低线都没达到？

为什么？原因很简单，写词可以天马行空、委婉动人，但科举要求的是逻辑严谨、条理清晰。

还记得前面提到的，宋真宗已经清清楚楚地重申了考试方向"不许浮靡"吗？柳永的名气虽大，可在执政者看来，他的名气全都是建立在浮靡的基础上。

我们写作文最重要的是什么？不是措辞也不是文笔，更不是布局，而是审题。连出题人的大方向都没摸对，怎么可能拿分？

考试精神都已经传达得这么明白了，谁叫你非要剑走偏锋，非要挑战当局者的底线。事实就是：不但不录取，还要树立典型。你对着干是吧？不好意思，第一个被刷掉。要是录取你了，朝廷不等于打自己脸吗？

看起来很残酷，但理还真是这个理。

就这样柳永毫不意外地出局了。

放榜之时，那些一个代表作都没有的，一点儿名气都没有的都上榜了。而柳永呢，别说状元了，压根儿就没上榜。放在今天，就相当

于连海选都没进去。

这让他的这张脸往哪搁？以后在京圈还怎么混？更重要的是，那些歌女一直视他为所向披靡的文豪巨星，这下可好，名落孙山，以后他在她们面前，还怎么抬得起头？

· 4 ·

上榜的那些人什么水平，别人不知道他柳永还不知道吗？那写作水平还不如自己玩泥巴时的水平。十三岁时他就能写出《劝学文》，得神童美誉。

> 是故养子必教，教则必严，严则必勤，勤则必成。学，则庶人之子为公卿，不学，则公卿之子为庶人。

写这篇文章的时候，他是多么地理性啊！在这篇早期的作品里，他阐述了家庭教育的重要性，认为严格的家庭教育才是有利于子女成功的。只要努力学习，普通人也可以出将入相，不努力学习，公侯将相也会沦为普通人。

如果他能一直保持这份理性，相信后来的仕途不会如此不顺。

可是人生没有如果。

从公元1009年（宋真宗大中祥符二年）到公元1018年（宋真宗天禧二年），这十年里柳永三次进入考场，三次铩羽而归。

屡屡失败的柳永再也不能抑制心中的愤怒和不满，他将所有的情绪化为一首《鹤冲天》：

> 黄金榜上，偶失龙头望。明代暂遗贤，如何向。未遂风
> 云便，争不恣狂荡。何须论得丧。才子词人，自是白衣卿相。
> 　烟花巷陌，依约丹青屏障。幸有意中人，堪寻访。且恁
> 偎红倚翠，风流事、平生畅。青春都一饷。忍把浮名，换了
> 浅斟低唱。

柳永太自信了，自信到从不相信是自己出了问题，如果有问题，那一定是别的因素。仿佛能听到他的控诉：你们没有录取我，不是我的损失，是你们的损失，因为你们遗落了人间最贤的才、最优的士。你们的标准并不是唯一标准，没有搭上你们这艘快船，我依然可以逍遥自在，风流快活。说实话，我懒得跟你们计较，也不屑跟你们理论。就凭我这满腹才学，就是不当这个官，天天给京城最红的歌女写词，我也是词界最大的王。

如果说当时有辩论赛，那柳永一定是那个最佳辩手，因为他措辞尖锐利落，讽刺手法运用得炉火纯青，一步到位，直击要害，毫不留情。

在第一句里他就声称自己是遗贤，那么什么样的时代才野无遗贤呢？《尚书·大禹谟》里有句名言："野无遗贤，万邦咸宁。"意思是不遗落真正的人才，国家才会安定繁荣。而柳永在这里用"明"来暗讽宋朝当局者的昏庸。

"明代暂遗贤"的意思是：看吧，这个所谓英明的朝代遗落了人间

最大的才子，还能称之为英明？

你猜皇上看到这句作何感想，看到第一句估计就得气够呛，一定会说："什么意思？我不英明？没有了你国家还发展不了了？"

然后再往后看："才子词人，自是白衣卿相。"呵呵，都落榜了，还敢自比公卿将相。

明明知道皇上反对浮靡之风，还故意在词的下阕开始大摇大摆地描绘起了"浮靡"之景：

"烟花巷陌……幸有意中人，堪寻访。……偎红倚翠，风流事，平生畅。"这……这场面也太香艳了吧？这不是往枪口上撞吗？

这还没完，最后一句直接敲在了皇上的天灵盖上："忍把浮名，换了浅斟低唱。"换句话说就是：功名有什么了不起，与我的文采一比，啥也不是。

把个皇帝老儿看得直叹气："上半阕骂我是昏君，下半阕又挑战朝廷的规则，狂妄自大，不知天高地厚，这种自以为是之人，就该吃点苦头。"

其实，真宗说的也有道理，功名科举多严肃多重要的大事儿，怎么到你这里就还不如浅斟低唱了？这种大事你都不当回事，还敢让你做官？做梦还差不多！

再说了，真正的不在乎是毫无反应，而柳永虽然口口声声说不在乎，现实中的反应却如此激烈，也恰恰证明了他其实真的在乎。如果真的不在乎，会把词写得这样绝？好比恋爱中的人，真正不在乎的人都是一个字都不多说，立马走人。又嗔又怒又表达得惊天动地，那可不就是太在乎了嘛。

白衣卿相从此成了柳永的完美形象照，衣袂飘飘，绝世独立，无限清高，却也为自己的仕途留下了绊脚石。

浮名和浅斟低唱，功名和风月，哪个才是他的真爱，他用半生的代价给出了答案。

· 5 ·

三十多岁落榜，在那个时代，其实也正常。四十岁考上的也大有人在，白居易那么大的腕儿不也二十九岁才考上嘛。孟郊更是四十六岁才考中。这样的例子太多了，柳永安慰自己，我还不算老，还有机会。

落榜带来的失意总需要有地方去消解，最好的地方是青楼乐坊。不过你可别瞎想，宋朝的青楼可不是如今的夜总会，很多影视作品一出现青楼的镜头，就是猥琐男和轻浮女子。其实在那个繁华的宋朝，青楼文化是一种独特的存在。唐宋时期教坊更是在国家编制内。

青楼女子也绝非我们想象中的失足女子，大多是罪犯后代或穷人家的孩子，她们或能诗善赋，或琴艺精湛，才艺与学识过人，气质与颜值并存：

> 能文词，善谈吐，亦平衡人物，应对有度……丝竹管弦，艳歌妙舞，咸精其能。
>
> ——《醉翁谈录》

苏轼曾在这里结识了第三任妻子王朝云，抗金将领韩世忠明媒正

娶梁红玉，尤其是李师师更是受到了宋徽宗的爱慕。宋徽宗的文化艺术造诣在历代皇帝中那也是名列前茅的，李师师竟然能与这样的顶级精英人士在恋爱关系之外还能成为知音。可见，当时的青楼女子在文化修养方面还是有着很高的水准。

有时候，柳永觉得这里的女子仿佛是另一个自己，她们那样出众却没有得到一个好的归宿，就像自己，明明不差，却要在这仕途上几经迂回困顿，不得前行。

幸好有这些文采斐然的歌女们，谈人生理想她们懂，说艺术修养她们懂，侃经史子集她们懂，聊经典文化她们也懂。尤其是其中一个叫虫娘的歌女，无论这些年柳永身边换了几拨人，她永远默默守护：寂寞时，陪自己吟诗作对；烦闷时，陪自己一醉解千愁；灵感降临时，她永远会第一时间递上笔墨。

第一次见面，柳永一眼就在众人中注意到了虫娘。果然，这虫娘的出身非同寻常，她是唐朝名将的后人。基因的力量就是这么神奇和强大，哪怕身陷泥淖，也掩盖不住骨子里的脱俗气质。

虫娘的一言一行都是那样温润美好：

虫娘举措皆温润，每到婆娑偏恃俊。

香檀敲缓玉纤迟，画鼓声催莲步紧。

贪为顾盼夸风韵，往往曲终情未尽。

坐中年少暗消魂，争问青鸾家远近。

——柳永《木兰花》

令无数"坐中少年暗消魂"的虫娘到底有什么魔力，能让"青楼浪子"柳永也一见倾心、为其驻足？她是他人群中第一眼，是画不出的优雅，是花之上的容颜。

就中堪人属意，最是虫虫，有画难描雅态，无花可比芳容。

——柳永《集贤宾》

他的才华征服了她，她的温柔治愈了他，他们在红尘中彼此欣赏，彼此抚慰。爱情到来的时候毫无声响，却震耳欲聋。

人在落魄时，爱情有多么地可贵，一个遇挫者所有的失意和苦闷都在这份柔情里得到了疏解。好的爱情是一个人努力的最大动力，以前是为自己，现在有了虫娘，他对科考的渴望更急切了。

没有功名，我拿什么给你幸福？这次我会尽全力，我一定带你走！为了让她宽心，柳永再次进考场之前，送给虫娘一首《征部乐》：

雅欢幽会，良辰可惜虚抛掷。每追念、狂踪旧迹。长只恁、愁闷朝夕。凭谁去、花衢觅。细说此中端的。道向我、转觉厌厌，役梦劳魂苦相忆。

须知最有，风前月下，心事始终难得。但愿我、虫虫心下，把人看待，长似初相识。况渐逢春色。便是有，举场消息。待这回、好好怜伊，更不轻离拆。

字里行间皆是对虫娘的思念、叮嘱和爱护。重点在最后一句："便

是有，举场消息。待这回、好好怜伊，更不轻离拆。"相信我，一旦科考有了结果，我马上回到你身边，以后我更要好好爱惜你，我们再也不要说什么分手的傻话了。

如果这次能考上，该多好啊！

可命运总是弄人。连一向落后于自己的哥哥柳三复都考上了，自己还是前途一片黑暗。

时光倏逝，转眼到了不惑之年，当第四次落榜消息传来之后，柳永再也无法抑制内心长期以来的愤怒，就是故意针对我是吧？我还不伺候了！这个地方和自己八字不合，他要离开，再也不要在这里耗死。

可是他唯一放不下的是虫娘。

怎么来判断一个男人是不是真爱，成功时最想与爱人分享喜悦，失败时却又最不愿意面对对方。此刻，他觉得自己是如此地无能，他哪有脸继续和她生活下去。

他们诀别在了这个冷落清秋。

　　寒蝉凄切，对长亭晚，骤雨初歇。都门帐饮无绪，留恋处，兰舟催发。执手相看泪眼，竟无语凝噎。念去去，千里烟波，暮霭沉沉楚天阔。

　　多情自古伤离别，更那堪，冷落清秋节！今宵酒醒何处？杨柳岸，晓风残月。此去经年，应是良辰好景虚设。便纵有千种风情，更与何人说？

——柳永《雨霖铃》

无限的伤感，万千的不舍，十年的感情，仿佛有千言万语挤压在胸口，却又一个字也说不出来。

在汴京，他耗费了十余年光景，人生最好的时光都在一次次的落榜中打上了心酸的印记。他从未像现在这样恨过自己，男人的脆弱和无能为力，在那一刻达到了顶点。

· 6 ·

其实对于"浮名"和"浅斟低唱"这个话题，他一定也曾无数次地问过自己，更热爱哪个？

可无论比较多少次，得到的答案都是：离开哪个，他都不会开心。如果不爱功名，他怎么可能一而再再而三地去考；他如果不在意功名，怎么可能气愤到失去理智，写下《鹤冲天》这样的狂妄之语。

那个时代，功名对于任何一个男性都是证明自己最有力的方式。何况柳永这样的官二代。虽然外界对他有负面评论，但他心里清楚，他不是风月之徒，更不是酒色之辈。他只是从心底里尊重这些生活在底层的歌女们，他与她们并非赤裸裸的交易，而是尊重与怜惜。现在他能做得太少了，只有考取功名，手中有了权力，他才能有机会为她们做更多。

更何况，这里还有他的此生挚爱。

不谋功名，如何谋爱！

不谋前途，如何谋爱！

可"浅斟低唱"又何尝不是他的精神领地？在那里，他是至高无

上的权威，可以得到整整一个群体对他的绝对崇拜。这里的每一个音符，都激发着他的才思和创作灵感，这里的歌女抚慰过他这个漂泊游子的羁旅之愁。

不知道为什么，每次只要一走进这里，他就能轻松找到自我的归属感。在这里，他放松、满足，才思如泉涌。

如果时光能够倒流，回到三十五岁时的那场科举，不知道柳永是否还会依然固执着写下那句："忍把浮名，换了浅斟低唱。"

最初的那个问题，他用他的后半生给出了答案——五十岁时，宋仁宗开了恩科，对历届落榜人士给出了宽松政策，柳永耗尽半生，终于在这一年顺利上榜。他也终于不负所望，成为一名颇有政绩的名宦。

步入仕途的柳永，历任睦州团练推官、余杭县令、晓峰盐监、泗州判官等，每到一地都对百姓关爱有加。

任余杭县令期间，他体恤民情，爱护百姓，被誉为"名宦"。

> 柳永，字耆卿，仁宗景祐间余杭令，长于词赋，为人风雅不羁，而抚民清静，安于无事，百姓爱之。
>
> ——《余杭县志》

1039 年，五十二岁的柳永来到了晓峰盐场（今浙江定海）任盐场监官，看到了盐民们受到的层层盘剥和恶劣的劳动环境，重赋之下这些盐民们太辛苦了，如何才能让他们过得好一点？他多么希望皇上的仁爱能广及至此。

柳永字耆卿，尝为晓峰盐场官。其《煮海歌》，煮海之
民何所营？……官至屯田员外郎。

——《大德昌国州图志·卷一》

他心中难掩对百姓的怜悯，于是写下了《煮海歌》：

煮海之民何苦辛，安得母富子不贫。

本朝一物不失所，愿广皇仁到海滨。

也许他曾经不是一名合格的考生，但是他一定是一名合格的官员。

五度入科场，暮年终及第，他终于等到了这一天，只是为此，他
付出了太大的代价、太长的岁月和太深的情感。

他这一生一直活在强烈的矛盾感之中，在世俗观念和入仕为官之
间挣扎迂回，世人一边诟病于他，一边又深深为他着迷。

年轻时游荡不羁，为官时又太过清廉，导致了他晚年穷困潦倒，
过世之后竟无钱下葬，比这更凄凉的是没有一个亲人在身边。但他离
开时并不孤单，全城的歌妓们筹资为他发丧送行，此后每年清明时节
都集体凭吊。这样的祭奠方式很快传遍全国，形成了"吊柳会"的节
日。这一吊就是近百年，怎样的人格魅力和绝世才华才能赢得这样广
泛而持久的怀念！

这也从侧面说明了柳永并非寻花问柳的庸俗好色之徒，不但不庸
俗，恰恰相反，他是高尚的。看一个人的本质是否崇高善良，不是看
他对上层阶级做了什么，而是要看他对那些不如他的人做了什么。那

个时代的歌女们能与柳永同行，是幸运的。

他的绝世才华，甚至连苏轼都想与之一较高下，曾询问他人："我的词与柳永的词相比，如何呢？"

东坡在玉堂，有幕士善讴。因问："我词比柳词何如？"

——俞文豹《吹剑续录》

他的《八声甘州》被后世誉为"词史丰碑"。苏轼曾评价："人皆言柳耆卿俗，然如'渐霜风凄紧，关河冷落，残照当楼'，唐人高处，不过如此。"

如果柳永能得知自己百年之后被文坛宗主给予这样的评价，也许会倍感欣慰吧。

范仲淹

明月楼高休独倚，酒入愁肠，化作相思泪

——此相思，与爱情无关

一提到"愁肠、相思"这样的字眼，有多少人总会不自觉地往爱情上遐想。其实，这句诗与爱情没有半毛钱关系。此时的范仲淹可没那闲工夫情情爱爱的，因为写下这首词的时候，他正在离家千里之外的边疆征战……

· 1 ·

公元 1040 年前后，可能是宋仁宗皇帝人生中最难忘的惊魂时刻了。

西夏李元昊在他的眼皮子底下称了帝，并且屡屡向大宋发起进攻。这波攻势李元昊拿捏得可是死死的，一副志在必得的气势，接连几战，数万宋军节节败退，血流成河。

眼看着李元昊的十万大军都已经打到延州（今陕西延安）了，距离正在快速缩短，从朝廷到百姓一片惊慌。照这样的形势下去，用不了几天，李元昊就会把刀架在他这个皇帝的脖子上了。

此刻他急需一批得力干将，可是该选谁呢？

此时即将去往前线的韩琦向他举荐了一个人——范仲淹。

韩琦是宋仁宗最得力最信任的干将，曾经的榜眼，三十岁就当了谏官，无论是赈灾还是治民，哪里出了岔子韩琦都能够及时顶上，干出业绩。韩琦是他的一张王牌，但是要想收服李元昊哪有那么容易，必须再来一张王牌，凑齐一个王炸。

李元昊这个名字说出来就够令人闻风丧胆了。多疑好杀，连亲妈亲老婆亲儿子都敢杀，狠毒好战，自立为帝，根本不把大宋朝放在眼里。

面对如此劲敌，韩琦对仁宗立下毒咒："如因此耽误国家大事，哪怕株连全族，臣也心甘情愿。"

> ……宜召越州范仲淹委任之。方陛下焦劳之际，臣岂敢避形迹不言？若涉朋比，误国家事，当族。
>
> ——韩琦《全宋文·乞留范雍奏》

· 2 ·

但此时的范仲淹并不在场，而在被贬之地越州（浙江绍兴）。范仲淹到底有什么魔力能让一国重臣韩琦以全族性命作担保来举荐？

更何况上一次范仲淹被贬还是因为获朋党罪，而宋仁宗曾明令，敢为范仲淹申辩之人，都会被视为同党。

韩琦的举荐，让宋仁宗的记忆又飘回到了几年前。这个范仲淹怎么说呢，既让他头疼又让他欣赏。当年，他给太后过个生日，范仲淹反对；盖个楼，也反对——说什么太后过生日回自己家悄悄过去，别让大臣们跟着掺和了，还说盖楼太浪费钱。

除此之外，他还反对过废后，还曾因反对吕夷简，掀起了一场轰轰烈烈的范吕之争，结果因朋党罪被贬。

其实，范仲淹的能力和才华宋仁宗不是体会不到，相反很多时候一遇到难题，他总会第一时间想到范仲淹，但是这范哥太犟，常常把自己撑得下不来台，还动不动就说什么："宁鸣而死，不默而生。"

什么意思呢？不给我表达的自由，活着还有什么意义。

竟然还敢拿死来威胁！怎么说自己也是个皇上，这点儿面子还是要的。再说大权在太后手里，皇上也得听太后的，范仲淹老跟太后作对，他怎么敢重用老范？

不过，太后一去世，宋仁宗就把范仲淹召回京，提拔了个右司谏。言下之意：我还是很看好你的哟。

结果，范仲淹回来没消停几天，又因为和宰相吕夷简闹矛盾，再次被贬了。范仲淹看不惯吕夷简专权，吕夷简喷范仲淹拉帮结派。因结党之罪被贬饶州。

其实抛去耿直男这一点不说，范仲淹其实忠心十足且能力俱佳，凡是交代给他的任务，甭管是赈灾治水、整顿吏治还是民生生计，他总能把每一件事情干到百分之二百的完美。

最重要的是他的人品与格局。曾经太后在世的时候，他坚决反对太后参政，还曾向太后上书请求还政于仁宗，结果被贬出京。

可是太后驾崩后，当朝中一些官员议论太后过失的时候，曾经被太后贬官的范仲淹却为其说话，说她毕竟尽心养育了皇上十几年，不应以一个错误而抹杀其所有功劳。

> 太后受遗先帝，调护陛下者十余年。宜掩其小故，以全后德。
>
> ——《宋史·范仲淹传》

尤其令仁宗欣慰的是，为了全力以赴西北战事，范仲淹与打斗了多年的劲敌吕夷简冰释前嫌了。吕夷简举荐了范仲淹，范仲淹说："我们之间如果要说有什么矛盾，都是为了国家，其实我们之间没有任何个人恩怨。"

> 臣乡论盖国家事，于夷简无憾也。
>
> ——《宋史·范仲淹传》

什么是格局？失势时不曲意逢迎，保持原则，得势后也不落井下石，打击报复。大局面前与旧敌放下私仇，握手言和。一个人能客观正义到这个份上，只为做实事，不掺杂丝毫私人情绪，怎么能不让人尊重和信任呢。

可范仲淹毕竟是文官，没有带兵打仗的经验，而且已经五十出头

了。他到底行不行，仁宗心里可是一点儿都没底。

· 3 ·

年逾五十岁的范仲淹奔赴陕西前线，开启了他戎马倥偬的军事生涯。

这场异常棘手的战争从一开始就注定要经历种种挑战和磨难。范仲淹接过了这颗烫手山芋，做好了不成功便成仁的心理准备。

在作战过程中，韩琦与范仲淹两人之间发生了巨大的分歧。

一向强硬主战的韩琦主张一鼓作气，速战速决，理由是拖延下去开支巨大，朝廷压力过大。范仲淹则认为时机尚未成熟，坚决不同意出兵，主张以防守为主，训练军队，修复破损边寨。

范仲淹最开始将十二座废弃要塞改建的城，全都用于收留边境流亡人士和羌族人民，并为他们提供了生活保障和大宋的优待政策。此番举措，轻松将边境人心团结起来。

李元昊这次起兵，本想联合边境的羌族。可没想到羌族等边境部落早就被范仲淹温柔地拿下了。

从此，西夏就是孤军作战，而宋军则和边境其他派系形成了统一战线。这等于是无形中扩大了自己的力量。

范仲淹默默地布着一盘大局，可起初他的做法并不被看好。

范仲淹是受韩琦举荐的，但是此刻两人的意见完全相左。韩琦坚持速战速决，并派出尹洙说服范仲淹出兵，范仲淹坚持时机未到不能打："咱们刚战败不久，现在又接着打，你觉得有胜算吗？西夏是以武立国，本来就凶残，力量对比在这摆着呢。再说打了两年了，人家屡战屡胜，咱们武力本来就不行，一场战役就想把人家拿下，可能吗？"

> 韩魏公为经略招讨副使，欲五路进兵以袭平夏。时范文正公守庆州，坚持不可。是时尹洙为经略判官，一日将命至庆州，约范公以进兵。范公曰："我师新败……岂可轻兵深入耶。"
>
> ——《东轩笔录》

由于范仲淹的谨慎，很多人嘲笑他懦弱胆小。尹洙也指责他："你不如韩公有魄力，韩公曾说过，打仗不能过于纠结成败，你谨慎过分了。"范仲淹则反驳："大军牵动的是万人的性命，天大的事情，怎么能置之度外呢？"

> 洙叹曰："公于此乃不及韩公也，韩公尝云：'大凡用兵，当置胜负于度外。'今公乃区区过慎，此所以不及韩公也。"范公曰："大军一动，万命所悬，而乃置于度外，仲淹不见其可。"
>
> ——《东轩笔录》

当批评声越来越大的时候，韩琦那边传来了战败的消息。如范仲淹所料。这次武断出击，宋军付出了惨重的代价，数千人战死，好不容易培养出来的大将任福也殒命沙场，死前还曾高呼"以死报国"。场面之悲壮令所见所闻者无不为之落泪。

福曰:"吾为大将,兵败,以死报国尔。"

敌兵益至,官军遂大溃,英、津、珪、傅皆死;……军
校死者数十人,士死者六千余人……福子怀亮亦死之。

——《宋史》

重创之下,韩琦痛哭失声,望着疆场上那些昨天还生龙活虎的将
士今天却因为自己的错判而血流成河,他难以原谅自己的过错,迟迟
不愿离去。

魏公不胜悲愤,掩泣驻马,不能前者数刻。范公闻而叹
曰:"当是时,难置胜败于度外也。"

——《东轩笔录》

范仲淹听闻此消息,也心痛到了极点。长叹一声:"打仗这种事真
的不能不考虑成败啊!"

同时,他不敢有丝毫懈怠,继续做好边防工作,安抚其他部族,
切断夏军后路的同时,又修好了大顺城,打通了各州之间的道路,摆
脱了孤立无援的境地,一方有警,各方支援,宋军的防守极大增强。

有了这层保障,哪怕夏军屡屡来犯,宋军也可以轻松抵御。不得
不说,范仲淹这招实在高明。行军打仗,就好比盖楼,地基打得好,
一切都在掌握中。

这一年,范仲淹已经五十三岁。战事的失败让这个秋天显得更加
荒凉,风声、号角声、马的嘶鸣声,塞外那些独有的声响此起彼伏。

他孤独地伫立在孤城边，望着眼前的长河落日，思念着万里之外的亲人，然而使命还未完成，他只能孤独地饮下一壶酒。他深知，战争一天没有结果，他就一天没有回家的资格和权利。

夕阳收起最后一点光，夜幕随之降临，阵阵寒意袭来，边塞的秋天要比家乡寒冷得多，还未入冬就已寒霜遍地，然而比这更难熬的是漫漫长夜，熬白了他的头发，熬干了将士们的眼泪。

> 塞下秋来风景异，衡阳雁去无留意。四面边声连角起，千嶂里，长烟落日孤城闭。
>
> 浊酒一杯家万里，燕然未勒归无计。羌管悠悠霜满地，人不寐，将军白发征夫泪。
>
> ——范仲淹《渔家傲·秋思》

· 4 ·

公元1041年，被胜利冲昏头脑的李元昊再一次对宋军发起了全面攻击。

这次，李元昊的铁蹄由南向北，一路所向披靡，一副志在必得的气势。

当宋仁宗接到定川寨之战宋军大败的消息，不禁瑟瑟发抖。连范仲淹曾经的死对头吕夷简也难掩惊慌："一战不如一战，太可怕了！"

一战不及一战，可骇也！

——宋田况《儒林公议》

而来不及悲伤，更大的恐惧疯狂袭来。李元昊乘胜追击，一路往南飞奔来。

宋军各路军队，死的死，败的败，只有范仲淹这一路军队还保存着实力。

此刻，仁宗把最后的希望都寄托在范仲淹的身上了，他望向西北方向，喃喃着："若仲淹出援，吾无忧矣。"

他在心里默默地祈祷着："范公呀范公，现在就看你的了，成败在你这一举了，你可一定要扛住呀。"

当范仲淹带领六千精兵以赴死的心情出现在茫茫荒原上时，那场面除了震撼还是震撼。西北这几年，他无数次地想过回归故乡的那一天，可是这一战他也许再也无法回归。

塞外的大漠、大漠上飞过的孤雁、孤雁旁的座座堡垒，陪伴自己度过了几百个寒冷孤寂的日日夜夜。1040 年到 1043 年，是他一生中最难熬的三年。

一个江苏人，来自江南的文官，却在五十三岁高龄之际，在西北边疆承受着最冷最硬的寒风，日复一日地进行着高强度的行军操练，顶着巨大的压力在油灯下通宵达旦地部署和研究着每一次行动……为的就是早一天完成使命。

在这个秋天，他终于站在了这生死决战的战场之上，没有退路，他也不需要退路。修了那么多的边防，俘获那么多的人心，他早已给大宋留好了最完美的退路、最固若金汤的边防。如果下一场战争必须去以命相搏，他早已做好了准备。

李元昊奔波数日，打了几场仗，已消耗不少力量，财力物力人力都受到了巨大的损失，其西夏国内也面临着内忧外患、财政紧缩等考验，又见范仲淹来势汹汹。他思索，如果这样打下去，以自己小国的实力，财力物力很难跟得上，又想到范仲淹一向以"胸中自有数万甲兵"的谋略闻名，不禁长叹一声："小范老子，我算服了你了。"

打还是不打，李元昊还没想好，范仲淹及其队伍却早就想好了。他们义无反顾地、毅然决然地一步一步向李元昊逼近，再逼近。

每个战士心中都充满着仇恨和怒火，为大宋，为自己，为那死在疆场上的几万将士，为西夏军队不再有机会去杀戮自己的亲人。

李元昊的脸上出现了少有的震惊和恐惧。他一生征战，嗜杀成性，却平生第一次被一位文官折服。范仲淹的六千精兵虽然不及西夏，但每个人都抱着赴死的决心。当一个人连生死都不在乎，当一个人的爆发力彻底被激发，这样的军队必定是所向披靡的。

范仲淹带着军队一步步向前，西夏军队一步步后退。战士们搭好了弓箭，拔出战刀，发出狂怒的呼喊……终于，李元昊下了命令：撤军！

范仲淹以绝对实力交上了一份满意的答卷，大宋终于恢复了往日的平安。

经历了三年的艰难残酷，范仲淹已然成了仁宗心中的王炸组合成员之一，与韩琦并称"韩范"，边境百姓纷纷传唱："军中有一韩，西贼闻之心骨寒；军中有一范，西贼闻之惊破胆。"

宋仁宗日盼夜盼，终于盼来了西夏撤军的消息。可以想象，此刻一个皇帝的心情——数月以来的担惊受怕，此刻终于全部卸下。他如释重负："吾固知仲淹可用也。"

"我就知道，你一定行！你一定行！"仁宗眼角湿润，对着捷报大喊。

西夏终于撤军了，所有人都激动跳跃，可范仲淹高兴不起来，那几万折损的将士，还有将领任福、石元孙、葛怀敏……他们再也看不到胜利的景象了。

所有人都去畅饮庆祝了，他独自一人来到附近的一座小楼。

这里还和刚来时一样，塞外那远阔的碧蓝天空和满地萧索的枯黄落叶未曾改变，但与来时又不一样，这里发生了太多的故事，每一片树叶、每一块石头都有了故事。

转眼已将近三载，他已经三年没有见到亲人朋友，他有太多的话想跟他们说，那泰山压顶般的工作压力，那失去战友的痛苦……

三年啊，多么漫长的时光！婴儿会长成牙牙学语的儿童，儿童会长成翩翩少年，少年也许已经一腔抱负，走在治国安邦的路上。那些故友们，曾经一起讨论家国天下，现在是否又增添了几许白发。

三年来的疲惫和危机感终于在此刻暂时地放下，他闭上眼睛再一次感受这塞外的气息：暮秋的清冷窸窸窣窣地爬上他布满裂纹的手掌，几片落叶飘落在肩头，大雁悠远的叫声传来。他睁开眼睛追寻它们的踪迹：一大片碧蓝色的苍穹向更远处延伸而去，深秋那浓厚的气息从落叶满铺的地上蔓延向烟雾弥漫的江水。残阳的余晖照向群山，群山便像镀了一层浅金。

一首《苏幕遮·怀旧》很快便出现在他脑海里了：

> 碧云天，黄叶地，秋色连波，波上寒烟翠。山映斜阳天接水，芳草无情，更在斜阳外。
>
> 黯乡魂，追旅思。夜夜除非，好梦留人睡。明月楼高休独倚，酒入愁肠，化作相思泪。

也不知道驻足了多久，夕阳是什么时候消失在了天边，月亮又是什么时候升起在了树梢，好像月亮的每一次出现都让他离愁加倍，就是这份离愁让他在无数个夜里辗转反侧。哪怕在别人眼里，他再成功，再霸气，再威武，也不过是一个孤独的异乡客，无亲友可论家常，无故人可诉衷肠。

这深深的羁旅之愁啊！也许只有酒醉才可以暂时地忘掉。都说酒是忘忧物，都说一醉解千愁，可为什么，酒过三巡，他却哭得像个孩子。

· 6 ·

作为现代人，我们永远无法切身体会出古人出远门的感受。如今的我们，一个打盹儿的工夫，千里路途便轻松到达。但是在一千年前，动辄数日数月的行程，通信不便，见面是多么难得和珍贵。也正是因

为这份难得，思念的分量才更沉重。

更何况，行军打仗这种特殊行动，没有电话没有电报，有多少将士战死疆场，数月后，甚至数年后，家人才得到消息。在这样的时代背景下，范仲淹的心情也就很容易被理解了。打仗这种事情，谁敢保证下一次的重逢，也许不知道什么时候就再也无法回归故里见故人。

我们总是给英雄强行赋予一些标签，好像英雄就必须是刚硬、勇猛、坚强的，好像英雄从来不能跟眼泪与脆弱画等号。可我们忘了，他们也是人，也有七情六欲，也会黯乡魂，追旅思，也会在重压之下失眠，也会在深夜悄悄落泪。

而范仲淹的词让我们看到了英雄的另一面，英雄的孤独、难眠和脆弱，但是这些不但没有减少我们对他的热爱和仰望，反而让他的形象充满了铁汉柔情的独特人格魅力。

· 7 ·

持续了数年的战事终于得到了暂时的平息，范仲淹也回到了阔别已久的京城。然而战事的结束并不是他人生的终点，为了改变北宋朝廷积贫积弱的局面，他又发起了庆历新政，淘汰无能贪腐官员，整顿吏治，以期能富国强兵。但因改革态势猛烈，又对利益阶层构成极大威胁，不得不在一年之后以失败告终。

范仲淹因庆历新政受到阻碍再次被贬，此后他渐渐远离朝堂，但大半生心系家国大业的人又怎可能真正地放下。在邓州任职的范仲淹在好友滕子京的邀请下，为重修岳阳楼写下了传世之作《岳阳楼记》。

岳阳楼位于湖南省岳阳市，与湖北武昌黄鹤楼、江西南昌的滕王阁并称为江南三大名楼。

在此之前，也曾有数位大咖为岳阳楼留下笔墨，杜甫的《登岳阳楼》、李白的《与夏十二登岳阳楼》、李商隐的《岳阳楼》等。但是在范仲淹的《岳阳楼记》面前，之前的一切文字都失去了颜色。

其实范仲淹根本就没有看到过重修后的岳阳楼，可是他的《岳阳楼记》却成为千古绝唱。我们比范仲淹幸运，有机会登上真正的岳阳楼，去观赏他没有看过的景色。但不幸的是，我们终其一生也无法看到范仲淹心里真正的景色，那不只是用雄心抱负写就的千古雄文，更是对国家和人民的深深关怀。

是的，圣贤用心看见，俗人用眼睛看见。

他从未忘记他的职责和使命："居庙堂之高则忧其民；处江湖之远则忧其君。"

他告诉我们做人要："不以物喜，不以己悲。"

他用他的一生践行着："先天下之忧而忧，后天下之乐而乐。"

宋朝大臣有个特权，临终前可上《遗表》，向朝廷提出自己的请求，可以是对个人也可以是对子女家庭。

范仲淹也写了，也提了要求，但是在这份六百零二字的《遗表》里，他只字不提个人私事，而是向皇上递上了最后的一份"谏言"，希望皇上能"尊崇贤良，制治于未乱，纳民于大中……"

直到生命的最后一刻，他满心挂怀的依然不是个人得失。

1052 年，两宋最伟大的圣贤范仲淹在徐州病逝。从中原到边疆，无数百姓为之痛哭；从乡野到朝堂，皆为之神伤。仁宗哀叹良久，停

止上朝一日，并派人前去慰问其家人，将女儿赐婚于范仲淹四子范纯粹。这是来自一国帝王最高的肯定。

王安石称他为一世之师，欧阳修为他刻碑："公少有大志，每以天下为己任。"

元好问赞他："文正范公，在布衣为名士，在州县为能吏，在边境为名将，其才其量其忠，一身而备数器。"

南宋吕中感慨："先儒论宋朝人物，以范仲淹为第一。"

明代高启也说："有宋名臣谁第一？公为国家真辅翼。丰功茂烈何煌煌？信与日月争辉赫。"

朱熹对他佩服得五体投地："本朝唯范文正公振作士大夫之功为多。"

爱新觉罗·玄烨说他是"济时良相"。

能让这么多的名家不约而同地以"第一"为他加冕，可见他的学问之精湛，人格之崇高，影响力之深远，他也早已成为我们世世代代的道德标杆和人生楷模。

他就是范仲淹，完美又真实，坚强又柔软，他用他的英雄泪，滚烫了人间。

欧阳修

醉翁之意不在酒，在乎山水之间也

——斗士？逗士？

欧阳修是北宋文坛领袖，与韩愈、柳宗元、苏轼被后人称为"千古文章四大家"，但就是这样的"大咖"，却屡遭诬陷和贬谪，被贬滁州时他写下了千古名篇《醉翁亭记》，其中"醉翁之意不在酒，在乎山水之间也"更是广为传颂。卓越如欧阳修，壮志如欧阳修，他的乐趣真的只在山水之间吗？

· 1 ·

欧阳修在文坛的地位，怎么跟你形容呢，说他是文坛江湖老大哥一点儿不夸张。

唐宋八大家，宋朝占六位，除了欧阳修，其他五位苏轼、苏洵、苏辙、曾巩、王安石都是欧阳修的学生。

欧阳修就如同北宋文坛的那一根定海神针，以绝对的实力引领了时代风向标，直接将中华文化的灿烂推向了一个前所未有的高度。

就是这样一个泰斗级的人物，也许你想不到，生活中的他是一个爱玩爱闹的搞笑青年。去小酒馆吃顿饭，老板客客气气地请他给个好评，他不直说，以诗作答：

> 大雨哗哗飘湿墙，诸葛无计找张良。
> 关公跑了赤兔马，刘备抡刀上战场。
>
> ——欧阳修《猜谜诗》

这首令人摸不着头脑的打油诗里，在每一句里分别用"无檐、无算、无缰、无将"暗含了"无盐、无蒜、无姜、无酱"。把难吃说得如此清新脱俗，此人一定有一个有趣的灵魂，完全颠覆了我们对学者和高官的刻板印象。

我们以为这么有趣的人一定是在无忧无虑中长大的吧，其实欧阳修的童年挺可怜，四岁就没了爹，从小与母亲相依为命。到了上学的年纪却没钱交学费，好在母亲郑氏是大家闺秀出身，通晓诗书，就用荻秆在沙地上教他认字。娇贵但不娇气，面对生活的打击，她展现出了一个大家闺秀真正的软实力。

没钱买书，母亲带欧阳修去问邻居借书来看。十岁时欧阳修在邻居家第一次看到《韩昌黎文集》，如获至宝，读得如痴如醉。

他的学问一天天增长，终成一代巨儒，其母郑氏也荣登中国古代

四大贤母榜。其他三位分别是孟母仉氏、岳母姚氏、陶母湛氏。

> 欧阳公四岁而孤，家贫无资。太夫人以荻画地，教以书
> 字。多诵古人篇章。及其稍长，而家无书读，就闾里士人家
> 借而读之，或因而抄录。……以至昼夜忘寝食，惟读书是务。
> 自幼所作诗赋文字，下笔已如成人。
>
> ——《宋史·欧阳修传》

只教孩子学习，教出来也许是学霸，除了学习无其他人格魅力，也会很快淹没在时代洪流中。可是真正厉害的教育是教给孩子旷达的心态和宏大的格局，这样的教育教出来的才是英雄和大神。

一个孩子能否成才最关键的因素，从来都不是物质，而是高质量的陪伴。虽然生活贫苦，但是在母亲正能量的引导下，欧阳修获得了无比丰富的精神世界。

欧阳修因支持范仲淹而被贬，母亲没有一句牢骚和叹息，和平时一样镇定自如，谈笑自如："没什么大不了的，家里本就清贫，我早已习惯了这样的生活，只要你觉得没问题，我就没问题。"

> 其后修贬夷陵，太夫人言笑自若，曰：汝家故贫贱也，
> 吾处之有素矣。汝能安之，吾亦安矣。
>
> ——欧阳修《泷冈阡表》

作为孩子，连累无辜的家人一同奔赴贬地，本就心怀愧疚，再加

上敌对者的打压，需要背负多少压力。如果父母整天唉声叹气，没有任何益处，只会徒增烦恼。而欧阳修的母亲无论顺境还是逆境，总能春风化雨般消解一切负能量。

母亲的这份豁达乐观传给了欧阳修，所以无论面对什么样的窘境困境，他都能从容自若，一笑而过。

· 2 ·

公元 1030 年，二十三岁的欧阳修中了进士，次年在洛阳做官，起初他的运气不错，第一份工作就遇到了一个好领导、时任西京留守的钱惟演。

那时的欧阳修只是一名初入职场的新人，而钱惟演比欧阳修整整年长三十岁，既是高官又是文化圈顶流。虽然是上级和长辈，但难得的是他很能和年轻人打成一片，常常组织大家一起吃喝玩乐。

钱惟演学识渊博，是当时西昆体诗的领军人物，都说文人相轻，可在钱惟演这里根本不存在，他自己热爱读书，也喜欢与读书人相处，和灵魂相似的人共处真的很难得。欧阳修的出现让钱惟演感到欣慰，也为其才华所折服。

这样的才华如果用来处理那些衙门里的杂事太可惜了，爱才之心使然，钱惟演赋予欧阳修、梅尧臣、尹洙等年轻才俊们特权，不用上班，想玩就玩，其实是想留给他们更多自由创作的空间。

欧阳修和梅尧臣几个年轻人出去游山玩水，下雪天回不来，钱惟演立刻派去厨师和歌伎悉心照顾，比家人还贴心。

这世上哪有那么多钱惟演。钱惟演被调离洛阳后，紧接着来了一个铁面上司王曙，行事严格，非常反感文人的散漫作风。他开了个小会，把欧阳修等一帮青年叫来，骂了个狗血淋头："寇准有多厉害你们都知道吧，那可是响当当的大神，可是后来成天光想着喝酒玩乐，结果呢？"

> 诸君知寇莱公晚年之祸乎？正以纵酒过度耳。
>
> ——《续资治通鉴·宋纪三十九》

话音刚落，欧阳修起身对着一把年纪的王曙说："寇准被贬可不是因为他吃喝玩乐，是因为他该退休了还非要占着位子，不让贤。该让位就让位，该退就退，肯定没这些糟心事儿。您说是吧？"

> 寇公之祸，以老不知止耳。
>
> ——《续资治通鉴·宋纪三十九》

骂人不带脏字，反驳得如行云流水，把上司气得半天说不出话。欧阳修连掉人都这么直率可爱。

其实回头再看，抛去铁面上司这茬，在洛阳这几年可算得上欧阳修最快乐的时光了。年轻、有钱、有闲、有好友，没有繁重的公务，只有欢畅的派对，那日子真叫一个舒坦呀。

所以在离任的时候，欧阳修一百个不想走：

> 尊前拟把归期说，欲语春容先惨咽。

人生自是有情痴，此恨不关风与月。

离歌且莫翻新阕，一曲能教肠寸结。

直须看尽洛城花，始共春风容易别。

——欧阳修《玉楼春》

别人写离愁，哭哭啼啼，整个人都抑郁了。欧阳修的"离别"，不舍中还包含了两分希冀。前三句都在描述离别的伤感，可是最后一句里他依然能从这离别的伤感中捕捉到积极乐观的一面：与其在这儿长吁短叹的，还不如咱们抓紧时间好好地去玩一趟，看尽洛城花。该看的美景都看够，该喝的酒都喝够，这样就算是告别也没有遗憾了。

看吧，他总能在黑暗中寻找光明。

· 3 ·

家风是一个孩子最好的成长环境。欧阳修虽然没了爸，但是叔父欧阳晔却担任起职责，除了给欧阳修提供物质条件，他在官场上的一身正气也潜移默化地影响着小欧阳修。

父母为孩子树立正面形象有多重要。父母是孩子人生中的第一个偶像。年幼丧父的欧阳修总会问母亲，爸爸是什么样的。母亲总会不厌其烦地告诉他："你的叔父呀，无论是相貌还是言行，跟你的父亲是一模一样的。"

尔欲识尔父乎？视尔叔父，其状貌、起居、言笑，皆尔

父也。

——欧阳修《尚书都官员外郎欧阳公墓志铭》

母亲说得没错，欧阳晔在为官的二十多年里，勤于政务，廉洁清正，与哥哥欧阳观保持了同样的作风。

当一个孩子有了可以模仿的榜样，当这个榜样又是那样地勤勉正义，这个孩子已经离成功不远了。

欧阳修从小就把叔父当作榜样，立志长大后要做叔父那样的正义之官。成年后，他如愿高中科举。但进入了官场后，他才发现，在复杂的官场，想要做正义之士，何其难也。

所幸，欧阳修很清醒，该笑对的时候笑对，该坚持原则的时候，没有半点儿含糊。

但原则永远都是一把双刃剑，保持了初心，却冒犯了另一拨人的利益。

公元 1036 年，范仲淹推行了"庆历新政"，本意是改变朝廷结党营私的用人制度，但被反咬一口，很快受到贬谪。而欧阳修作为支持者也受到牵连，很快被贬往夷陵。在被贬途中他写下了：

春风疑不到天涯，二月山城未见花。

残雪压枝犹有橘，冻雷惊笋欲抽芽。

夜闻归雁生乡思，病入新年感物华。

曾是洛阳花下客，野芳虽晚不须嗟。

——欧阳修《戏答元珍》

从巅峰跌落，要说一点儿都不在乎，那也不切实际。

诗的第一句就写道：这鬼地方，春风都吹不进来，初春时节竟然冰天雪地，连这里的花开是什么样都不曾看到。尽管如此，他依然保留了他的欧式自我安慰：说实话在洛阳那种大城市我该见的名花早就见过无数次了，都快审美疲劳了，咱好歹也是见过名场面的，又怎会纠结于这里晚开的野花。再晚也有盛开的时候吧，着什么急，做想做的事，但行好事，莫问前程。

这份逆境中的豁达，令人膜拜。

八年后，宋仁宗召范仲淹回京，并提拔欧阳修，实行第二次改革，对当时的官吏管理制度、军队管理以及战争等方面展开全面革新。

但这次改革迎来的，是更加猛烈的回击。权益受到威胁的官员和贵族们以"朋党罪"为由弹劾范仲淹与欧阳修等人。

什么是朋党呢？赵匡胤在宋朝开国时曾立训，禁止官员之间拉帮结派。于是敌对者们抓住这一点做文章，指出范仲淹、欧阳修、韩琦、富弼等人是互相勾结的朋党。

受到污蔑的欧阳修并没有否认朋党，而是对皇上说明朋党的真伪：

> ……大凡君子与君子以同道为朋，小人与小人以同利为朋，此自然之理也……小人所好者禄利也，所贪者财货也。当其同利之时，暂相党引以为朋者，伪也……故为人君者，但当退小人之伪朋，用君子之真朋，则天下治矣。
>
> ——欧阳修《朋党论》

意思是：君子之交，源自志向；小人之交，源自利益。所以小人不会有真正的朋友，因为一切建立在利益基础上的关系，随时都会崩塌……作为君主，应当阻止小人的假朋党，重用君子的真朋党，只有这样才能治理好国家。

可是皇上才不管你到底是什么类型的朋党，朝廷本就杜绝朋党的存在，既然你自己都承认了，那不治你就说不过去了。

于是第二次新政还是难逃落败的宿命，只持续了短短一年就戛然而止。

为了彻底扫除欧阳修这个障碍，敌对者又给他扣上了一顶私通外甥女的帽子。乱伦这种事情在当时是重罪，重则死罪，轻则流放。

欧阳修再一次被贬，这次去的是滁州。

不仅在政治上遭遇打压，还被构陷私生活混乱，这一次他几乎身败名裂。

· 4 ·

公元 1045 年的春天，一个平常却又不平常的春天。平常是因为一如既往地春意盎然，不平常是因为欧阳修被贬到了滁州。

滁州处江淮之间，水路不通，群山阻隔。虽然地处偏僻，出行不便，但也远离了朝廷的吵嚷纷争。

滁州张开怀抱接纳了他，他也格外善待滁州。他没有颓废抑郁，也没有自暴自弃，既然别人质疑他，他就用实际行动来说明一切。他顺从民意，以百姓的满意度来考核政绩。滁州在他的治理下一片安宁祥和。

人和环境最好的关系也许就是从彼此中找到自我，他和滁州互相安慰，彼此成全。

滁州得益于欧阳修的治理，成为更好的滁州，欧阳修也从滁州的山水中获得了前所未有的闲适乐趣和灵魂慰藉。

来滁州的第二年，他来到了滁州西南的琅琊山，步入山林的那一刻，整个世界安静了下来。整个滁州被山峦环绕，西南几座山峰在丛林与山谷间高低错落。而那最幽深茂密处，便是琅琊山。

> 环滁皆山也。其西南诸峰，林壑尤美。望之蔚然而深秀者，琅琊也。
>
> ——欧阳修《醉翁亭记》

沿山爬行六七里，却丝毫不觉得累，顺着潺潺水声向前寻去，峰回路转之际，酿泉之上一间亭子徐徐展现在眼前。这间由僧人智仙建造、由太守命名的醉翁亭蜻蜓点水一般轻盈优雅地立于泉水之上。

> 山行六七里，渐闻水声潺潺而泻出于两峰之间者，酿泉也。峰回路转，有亭翼然临于泉上者，醉翁亭也。作亭者谁？山之僧智仙也。名之者谁？太守自谓也。
>
> ——欧阳修《醉翁亭记》

一喝就倒，年纪最老，就叫我醉翁吧。其实此时的欧阳修还不到四十岁，为何却以"翁"自称。他曾在《题滁州醉翁亭》中做出了解释：

> 四十未为老，醉翁偶题篇。
> 醉中遗万物，岂复记吾年。

意思是：四十岁并不算老，只是写文章偶然冒出的想法，我在酒醉中遗忘了世间万物，忘了时间，也忘了自己的年龄。

真正让他醉的不是酒，而是山水，为什么？因为山水才能治愈他的失意和悲伤。在山水面前他不经意地露出了自己脆弱的一面，他从来不是无坚不摧的，再乐观的人也不会在巨大的挫折面前毫无波澜。他一边受伤，一边寄情山水；一边舔舐伤口，又一边勇敢前行。山水的乐趣，需要用心体会，酒不过是一个借口。

> 太守与客来饮于此，饮少辄醉，而年又最高，故自号曰醉翁也。醉翁之意不在酒，在乎山水之间也。山水之乐，得之心而寓之酒也。
>
> ——欧阳修《醉翁亭记》

痛过之后，还能笑对。心死之后，便会重生。

欧阳修的生活宗旨是："生活以痛吻我，我要报之以歌。"

他尽情地沉醉，尽情地享受，尽情地歌唱和快乐：

至于负者歌于途，行者休于树，前者呼，后者应，伛偻提携，往来而不绝者，滁人游也。临溪而渔，溪深而鱼肥。酿泉为酒，泉香而酒洌；山肴野蔌，杂然而前陈者，太守宴也。宴酣之乐，非丝非竹，射者中，弈者胜，觥筹交错，起坐而喧哗者，众宾欢也。苍颜白发，颓然乎其间者，太守醉也。

——欧阳修《醉翁亭记》

甚至在游玩结束后，他也不忘表达自己的幽默："今天的活动要感谢咱们的领导——太守，他醉时与民同乐，醒后还能把你们写进文章……其实，我就是那个太守，能与你们共度美好一天是我的荣幸。"

好家伙，整整一篇从各个角度夸了一遍领导，最后一句告诉大家"我就是那个领导"，这包袱抖得绝对称得上"凡尔赛鼻祖"。但这样的"凡尔赛"透着一股亲民之风，令人笑过之后心生热爱。

有文为证："醉能同其乐，醒能述以文者，太守也。太守谓谁？庐陵欧阳修也。"

他既是太守，也是醉翁。人有时候就是这么矛盾，既要被官场和现实所束缚，也总有那么一刻想沉醉于世俗之外，再用世俗之外的山水来治愈世俗的悲伤。

· 5 ·

在滁州待了没几年，欧阳修被召回朝。宋仁宗想来想去，编纂史

书这种事情没了欧阳修还真不行。

宋仁宗这次留下欧阳修可真是留对了，欧阳修不但与宋祁等人编修了《新唐书》，还独立编写了《五代史记》。

更重要的是，他还当上了科举考试的主考官，正是这个任命让欧阳修有了挖掘人才的机会，让北宋一夜之间迎来了一批闪耀的新星。

真正的大师从不只卖弄文字，欧阳修就是这样的大师。可当时，有一些年轻人为了彰显与众不同，喜欢在文章中用一些艰涩难懂的字眼，外行人一看整得挺高深，可内行一看就明白，整篇文章空洞无物，全是无病呻吟。

其中有一个叫刘几的考生就正好踩在了欧阳修的雷点上。他本是北宋最高学府太学的一名优等生，尤其擅长写华而不实的骈体文。而欧阳修是古文运动的倡导者，追求的是文章的现实意义，自然对此类人无法容忍。

刘几曾有一次在考卷中写了"天地轧，万物茁，圣人发"这样的句子，意思是：天地初始，万物生发，圣人出世。

欧阳修看见了，气不打一处来，毫不留情地给了一句评语："秀才剌，试官刷。"

意思是：你再给我写没用的，见你一次刷掉你一次。让你不好好说话。

又一次将原则和幽默同时发挥到了新高度。

知嘉祐二年贡举。时士子尚为险怪奇涩之文，号"太学体"，修痛排抑之，凡如是者辄黜。

——《宋史·欧阳修传》

也正是在他的坚持下，此时的文坛很快进入了一个良性循环，那些虚假华丽的空洞语言，被平实流畅、内容深刻的文字所代替。

很快，欧阳修就在众多的试卷里发现了不少清新脱俗的文章，尤其一个人的试卷让他看完后连连拍手叫好。

这是他入仕几十年来第一次被一个人的文字深深折服，据他所知，目前能具备这种水平的也就只有自己的学生曾巩了。

曾巩他太了解了，说他是自己这么多年最满意的一个学生也不为过。

这本应该是实至名归的第一名，但他犹豫了，作为老师把自己的学生列为第一名，肯定会给人留下开后门的话柄。于是再三考虑之下，将其放到了第二名的位置上。

可令他惊讶的是，公布试卷名字后，他才发现这份试卷的主人不是曾巩，而是一匹从民间杀出来的黑马——苏轼。

苏轼一试成名，弟弟苏辙也同科进士及第——后来还官至宰相，而父亲苏洵也因文采过人，受到了欧阳修的举荐。

此外，曾巩也获益于欧阳修的科举改革，曾巩一门六学子全中进士，成为一千二百多年来的科举传奇。

除了三苏六曾，这次科考中走出了九位宰相，三人上榜唐宋八大家：苏轼、苏辙、曾巩。三位理学创始人：张载、程颢、程颐。每一个名字都很耀眼夺目。这是北宋历史上群星闪耀的一年，各路大神仿佛

提前约好似的，成群结队而来。

而历史也证明了，这批人确实作出了巨大的成绩和贡献，因此被称为"千古科举第一榜"。

当然，欧阳修是最大的功臣。

·6·

俗话说：人红是非多。欧阳修又得皇上心，又提拔了一波有志之士，又有人眼红了，于是宋仁宗那里又开始有人告状了。

不等皇上发话，他先主动提出了辞职。

这就是人与人之间的差别，你玩的那些伎俩，人家根本看不上，根本不当回事。这世上最大的愚蠢就是，用功名利禄去威胁一个淡泊名利的人。

只是皇上喜欢欧阳修这么久，早就无比信任他了，欧阳修就是他的主心骨，怎么舍得放他走。

欧阳修并不是故作姿态，而是在经历过大风大浪，见识过人间至高的权力与荣耀，也背负过无数次攻击和诋毁后，早就将一切都看淡了。

当年一起玩耍的朋友们，如今一个个不是生离，就是死别，相濡以沫的爱妻也离开了人世。

元宵那夜，一生坚韧乐观如他，也不禁泪如雨下：

去年元夜时，花市灯如昼。月上柳梢头，人约黄昏后。

今年元夜时，月与灯依旧。不见去年人，泪湿春衫袖。

——欧阳修《生查子·元夕》

他一个人孤独地奋战着。

他看透了，也累了。连续数年，他不愿再深涉政坛。短短四年内，辞职申请递交了七次，可见是真的想离开了。

有很多人不解，在权力的顶峰，多少人拼了命都紧抓不放的位子，他说放下就放下，怎么做到的？

别人问他原因，他只回复两个字："知止。"

在这名利场，上场时荣光万丈的有很多人，但退场时却能从容冷静的没几个人。

公元1070年，欧阳修递交的最后一次辞呈终于获准。在权力的旋涡中激荡一生之后，他的身份迎来了一次全新的蜕变：六一居士。

有人问他："六一是哪六个一？"

欧阳修说："集古录一千卷，藏书一万卷，琴一张，棋一局，酒一壶……"

"这是五个，别以为我不识数。"

"不是你不识数，是你视力不好，你没看见还有我这个老头吗？"欧阳修指指自己。

你看，还是那个可爱的欧阳修——总是能把最寡淡的生活过成情景喜剧。

纵观欧阳修一生，嬉笑怒骂，皆成文章。骂敌人，骂上司，骂考生，骂得痛快淋漓，却不令人反感，让人拍案叫好，也让人尽兴释然。

他提携新人、礼贤下士，从不倚老卖老，更不依仗权贵；公平选拔人才，把苏轼、曾巩等学生当成朋友，实属难能可贵。

世间人万万千，优秀者千千万，如欧阳修者少之又少。在官场他是治世名臣，安抚百姓，修史论著；在文坛他既是"唐宋八大家"之一，又是"千古文章四大家"之一。连阅人无数的宋仁宗赵祯都感慨："如欧阳修者，何处得来？"

是啊，如此真诚伟大、令千秋万代仰慕的巨儒名宦到哪里去找第二个？他消化了所有的委屈、流言、诋毁，回馈给世界的却是爽朗笑声和积极态度。

难怪叶嘉莹老师曾称赞："欧阳修就是以一种风趣诙谐的态度，一种赏玩、驱遣的豪兴来对待他一生屡遭诋毁贬谪的不幸的。"

晚年又一次回归山水，成为远离权力的"六一居士"。一生在使命和现实之间几经辗转，终于可以岁月静好。

有原则，又总是不按常理出牌。

这就是欧阳修，最伟大的斗士，最可爱的"逗"士。

苏轼

拣尽寒枝不肯栖，寂寞沙洲冷

——不是高冷，是热火朝天的暖男

"拣尽寒枝不肯栖，寂寞沙洲冷。"

有一次，在书友会里读到这一句，有人说："这句听着好高冷，'拣尽''不肯''寂寞'这几个字勾勒出了一个清高、孤傲、令人不敢接近的'男神'形象。"

我想说，如果你知道写这首词时，他经历了什么，也许就不会这样认为了。

不但不高冷，反而炽热深情。

·1·

公元 1080 年的一个冬天，四十三岁的苏轼因"乌台诗案"被贬到黄州（今湖北黄冈市），并寓居定慧院。从一百零三天的牢狱之灾中走出来的苏轼，此刻无论是精神还是日常生活都已经跌到了人生的谷底。

远离了京城的繁华，谪居偏僻的异乡，众人的纷纷疏离，他的内心充满了无尽的怅恨。

在一个寒冷的冬夜，他披上寒衣，独自一人沿着寓所附近的山路向前走去，一弯弦月透过稀疏的梧桐树，洒落片片清辉。

夜色深沉，人声初静。天地间一片广阔，而在其中独自前行的，除了自己，也许只有那形单影只的孤雁了吧，此时此刻，一阵巨大的孤独感袭来。

孤独并不是因为一个人，而是这世间那么多人，却没有一个人能与他进行灵魂深处的对话。而此时此刻能让他找到一丝共鸣的却只有这寒冬的孤雁。连这只鸟都如此勇敢而坚定，宁愿放弃可栖息的树枝，也要飞往那更加荒凉的沙洲。

惊起是对真理的顿悟，有恨是对现实的无奈，就在那一瞬间他仿佛有所顿悟，回到住所后，便写下了这首《卜算子·黄州定慧院寓居作》：

缺月挂疏桐，漏断人初静。谁见幽人独往来？缥缈孤鸿影。

惊起却回头，有恨无人省。拣尽寒枝不肯栖，寂寞沙洲冷。

这首词的上半阕写尽了迷茫，下半阕作出了抉择。在这个最清冷的夜晚，同时也是人生中最凛冽的寒冬时刻，他的内心由波澜起伏到

平静如水，一切的疑问最终消散在了这个漫漫的长夜里。

虽然在这首词里，我们看到了"不肯"和"寂寞"这样倔强孤傲的字眼，但是生活中的苏轼可是一个有趣有料有情调有温度的花样暖男。

· 2 ·

在写这首词之前，在"乌台诗案"之前，在去黄州之前，苏轼是那个意气风发的青年。

二十岁时，苏轼在京试中以一篇策论《刑赏忠厚之至论》震惊了主考官欧阳修，成为当年科考的一匹黑马。

这是欧阳修自当考官以来，不，有生以来，第一次为一篇文章连连拍案，啧啧称奇。

在面试中，欧阳修终于第一次见到了这位奇人，同时也彻底地为他的气度和口才所折服。

一路在文坛所向披靡的欧阳修，被苏轼的文采惊出了一身汗："苏轼这后生的未来不可限量，如此才华将来必独步天下。连我也自认不是对手，必须给他让道。"

> 读轼书，不觉汗出。快哉快哉！老夫当避路，放他出一头地也。
>
> ——欧阳修《文忠集》

正如欧阳修所言，此后的苏轼每出一篇作品，都能立刻引来无数人的狂热崇拜。

宋仁宗赵祯如获至宝："吾今又为吾子孙得太平宰相两人。"那是来自统治者的最高赞扬和肯定。

谁知仕途才刚刚开始，朝廷却开始了一场惊天的变革，王安石变法轰轰烈烈地展开了。

由于政见不合，苏轼公开反对改革，与王安石自此结下了梁子，而此后所有的反对改革者都无一例外地被迫离京，苏轼与欧阳修等人都在此列。

接下来的八年里，苏轼先后从杭州到密州（今山东诸城），再辗转到湖州（今浙江省湖州市）赴任。如果能这样平稳地走下去也还好，但是没想到一场大劫即将到来。

公元 1079 年，刚到湖州上任三个月的苏轼给宋神宗写了一篇《湖州谢上表》，当时的官场规则是无论职位升降都要上表感谢皇上。

> 凡官员升迁除授、谪降贬官、至于生日受赐酒礼、封爵追赠等等，均有谢表。
>
> ——《宋代官制辞典》

刚调任湖州的苏轼自然也要写，这本来是一封感谢信，但他在其中流露出对新政的不满，说自己跟不上时代，不愿意掺和新政的事情：

……愚不适时，难以追陪新进……

——苏轼《湖州谢上表》

从变法开始的那一天，苏轼就不止一次批判新政，离京后依然不断上书，新党终于忍无可忍，决心拔掉这颗钉子。这份《湖州谢上表》就成了他们的突破口。他们仔细研究其中的每一句话，从每一个字中找寻证据。为了加大力度，彻底扳倒苏轼，新党们又翻遍了他的其他文字：

说"岂是闻韶解忘味，迩来三月食无盐"，是在批判朝廷控制盐价。

说"杖藜裹饭去匆匆，过眼青钱转手空"，是攻击青苗法。

"根到九泉无曲处，世间惟有蛰龙知"，更是被新党解读为谋反，说皇上是真龙天子，明明是天上的龙你却要到九泉之下找什么蛰龙。

说苏轼这是大逆不道、张狂无礼、目无圣上，总之给苏轼扣上了一顶欺君罔上的帽子。

这顶帽子太沉了，苏轼没接住。

· 3 ·

于是上任不到三个月的苏轼戴上了铁镣，被御史台的吏卒们以重犯之身押入大牢。

"乌台诗案"成为北宋规模最大的文字案，弟弟苏辙被贬，司马光、黄庭坚等七十多人受到牵连。这一年父亲苏洵已过世十七年，欧阳修也已过世七年，如果他们知道这一切，不知会有多么痛心。

这一年，苏轼四十三岁，亲身体验了一回死刑犯的感受。

在死牢里他度过了人生的至暗时刻。沉重的铁镣，阴暗潮湿、深不见底的深牢大狱，昼夜不停地辱骂和审讯，将他的自尊彻底摧毁，让他一度以为自己的人生也许就此走到了尽头。

他以赴死的心情写下了绝命诗：

> 圣主如天万物春，小臣愚暗自亡身。
>
> 百年未满先偿债，十口无归更累人。
>
> 是处青山可埋骨，他年夜雨独伤神。
>
> 与君世世为兄弟，更结来生未了因。
>
> ——苏轼《狱中寄子由二首》

这首诗写出来后，所有读过的人都潸然泪下，弟弟苏辙痛哭不已，并请求皇上："只要能给哥哥一条生路，臣愿放弃官职和个人前途。"

> 臣欲乞纳在身官，以赎兄轼，非敢望末减其罪，但得免下狱死为幸。
>
> ——苏辙《为兄轼下狱上书》

由于苏轼在大宋文坛和政坛的领袖地位，有不少大臣为他求情，甚至死对头王安石也为其说话，连宋神宗自己看了这首诗以后，也被深深打动。再加上宋朝有不杀士大夫的不成文规定，于是，鬼门关前走了一趟后，苏轼终于还是捡回了一条性命。

苏轼是不幸的，但也是幸运的，有兄弟为他赴汤蹈火，有朋友为他伸张正义，但也恰恰说明他的人格魅力，值得所有人对他的爱。

· 4 ·

去时带着痛，来时带着风。

出狱后，苏轼虽然名义上被贬为黄州团练副使，但其实就是一名犯官。连固定的住处都没有，只能暂住在定慧院，没有经济来源，没有权力，从人生顶峰瞬间降落到谷底。

> 黄州真在井底，杳不闻乡国信息。
>
> ——苏轼《与王元直》

这样的生活与世隔绝，一无所有，弄水挑菜，充斥着无限的苦闷和压抑，写信给亲友成了他精神寄托的一部分。从给妻弟王元直的信中，可以大概看到他初到黄州时枯燥而乏味的日常：

> 此中凡百粗遣，江上弄水挑菜，便过一日。
>
> ——苏轼《与王元直》

都说苏轼豁达乐观，可这种面对逆境的豁达也不是生来就有，他也曾经历过无数次的凄凉与绝望。

在这无限的绝望凄凉中，有了本文开篇的那首《卜算子·黄州定慧院寓居作》。

在这里他度过了前所未有的中秋佳节，没有华灯高照，没有宾客往来，周围太安静了，安静到让人心慌，安静到只有晚风吹动落叶的簌簌声，安静到只能听到心跳声。独自对月饮酒，心中的滋味难以言说，这人生啊不过是一场梦，说不定哪天就只剩下凄凉。

世事一场大梦，人生几度秋凉？夜来风叶已鸣廊，看取眉头鬓上。

酒贱常愁客少，月明多被云妨。中秋谁与共孤光，把盏凄然北望。

——苏轼《西江月·世事一场大梦》

几年前的那个中秋，他曾"明月几时有，把酒问青天"，虽然也孤独，但心中有希望，眼里有光。当年"千里共婵娟"是期盼，如今"中秋谁与共孤光"却只有凄然。

难以想象这样的生活有多难熬，试想一下如果是现在，让我们去荒郊野外，去远离都市的地方生活，不能旅游，没有钱，没有网络，和外界没有任何联系，还没有起码的物质条件，估计有不少人都得被憋疯。

庄稼可以种，条件可以创造，精神上的磨炼才是最难挨的。先要慢慢消解牢狱之灾带来的打击和那些刑讯谩骂带来的阴影，还要接受新环境带来的贫瘠苦寒，这种情况下不抑郁就不错了。

转眼来黄州已经三年，人生所有的苦他在这三年里吃尽了大半，一桩桩一件件都是辛酸泪。陪伴他的不是阴雨连绵就是秋风萧瑟，居住的

小破屋弥漫在重重水雾中，就像茫茫大海上漂浮的一叶孤舟。厨房空空如也，只有几片菜叶用来充饥。无法再去报效朝廷，也无法回乡祭奠亡故的亲人。当一个曾经的社会精英同时失去了社会价值和家庭价值，却又无力改变时，他的内心与前途俱如凉透的死灰，再也不能复燃了。

自我来黄州，已过三寒食。年年欲惜春，春去不容惜。

今年又苦雨，两月秋萧瑟。卧闻海棠花，泥污燕支雪。

暗中偷负去，夜半真有力。何殊病少年，病起头已白。

春江欲入户，雨势来不已。小屋如渔舟，蒙蒙水云里。

空庖煮寒菜，破灶烧湿苇。那知是寒食，但见乌衔纸。

君门深九重，坟墓在万里。也拟哭途穷，死灰吹不起。

——苏轼《黄州寒食诗》

这是苏轼仕途的谷底，却让他在文学创作上达到了巅峰。为什么那么多经典之作总是出现在困境时？因为人只有在遭遇挫折时，才能对苦难有更深的体会，才会对生命产生敬畏，才会对人生和自己有更清醒的认识。

体会之后才会思考，敬畏之后才会醒悟，重新认识自己之后才会重新做出选择。

5

苏轼做出了他的选择，带着家人在城东开辟了一片坡地，当起了农夫。每天浇水种菜，劈柴做饭，看春暖花开，忙秋收冬藏，看日升日落、月缺月圆。

在"东坡"这块土地上，他就是自己的王。从此刻起，苏轼永远地消失了，一个全新的东坡正以热火朝天的气势走来。

他没有时间再去感伤，此刻他唯一的想法就是先活下去。

当文豪变身农民，当写文章的手爬满了茧子。生活的另一种姿态竟然也别有一番趣味。

　　净洗铛，少著水，柴头罨烟焰不起。待他自熟莫催他，火候足时他自美。黄州好猪肉，价贱如泥土。贵者不肯吃，贫者不解煮。早晨起来打两碗，饱得自家君莫管。

——苏轼《猪肉颂》

做饭和做人总是有着异曲同工之妙，"待他自熟莫催他，火候足时他自美"，经过数个时辰的炖煮，猪肉出锅时已经软软糯糯，入口即化，再配上自酿的酒。不要太满足哦。

做人又何尝不是如此呢。

有酒有肉有活干，渐渐地来访者也多了起来，有求字画的，有想见偶像的，生活就这样热闹了起来。写写诗词歌赋，聊聊人生哲学。

是啊，心性也不用催，到那个时候自然会成熟，火候到了看啥都不纠结了。

·6·

是的，此时的苏东坡更通透了，不再困于自己苦闷的小天地里，而是从大自然中寻求精神寄托，时不时地背起背包寻访附近的景点名胜。

听说大名鼎鼎的赤壁古战场就在附近，他立刻出发，这么重要的地方怎么能错过。

有不少学者说其实黄州的这个赤壁并不是当年赤壁之战的赤壁，真正的赤壁是在不远的赤壁市，被称为"武赤壁"。而苏轼的这篇《赤壁赋》中的赤壁被后人称为"文赤壁"，没想到当年的将错就错成就了永恒经典。

景点是固定的，但每个人心中的景色又各不相同，也许苏轼会笑着摆摆手："在哪里又有什么关系呢？告诉你们一个秘密，我在哪，赤壁就在哪。"

是啊，我们是否思考过参观历史景点的真正意义？真正值得凭吊和观赏的从来都不是景点，而是我们每一个人的经历和内心。

以前以为他写的是赤壁，现在才明白他写的就是自己的人生啊：

> 大江东去，浪淘尽，千古风流人物。故垒西边，人道是，三国周郎赤壁。乱石穿空，惊涛拍岸，卷起千堆雪。江山如

画，一时多少豪杰。

遥想公瑾当年，小乔初嫁了，雄姿英发。羽扇纶巾，谈笑间，樯橹灰飞烟灭。故国神游，多情应笑我，早生华发。人生如梦，一樽还酹江月。

——苏轼《念奴娇·赤壁怀古》

苏轼所追思的不只是曾经的那些英雄豪杰，而是那个走过大半生，却屡遭困顿、不得前行的自己。

如果说这时候的苏东坡多了几分旷达，那么黄州的第三年，他已经可以笑对人生，宠辱不惊了。

料峭春寒中，他与两三人一同在沙湖道中游玩，忽地一阵骤雨从天而降，同行者都被淋得大呼小叫，纷纷逃窜。

只有苏东坡不紧不慢，不慌不忙，笑呵呵看着眼前的这幅躲雨图：

莫听穿林打叶声，何妨吟啸且徐行。竹杖芒鞋轻胜马，谁怕？一蓑烟雨任平生。

料峭春风吹酒醒，微冷，山头斜照却相迎。回首向来萧瑟处，归去，也无风雨也无晴。

——苏轼《定风波·莫听穿林打叶声》

管什么风吹雨打，我只顾踏歌前行。一身蓑衣一身轻便，怕什么山雨欲来风满楼，管他冷风还是暖阳，晴天还是雨天，这些我通通都不放在心上。

看到没，一个脱胎换骨的苏东坡横空出世了。

这是在经历了人生的大起大落，无数次的风雨洗礼之后，才有的领悟。

以前为仕途担忧，为前程焦虑，患得患失，现在已经习以为常。人啊，说不定什么时候就会从神坛跌落，也说不定什么机遇又一飞冲天。

刚来黄州时他不愿面对，因为不愿面对才越觉得苦，可是当他学会了接纳，可以接纳甜，也可以接纳苦，允许一切发生，才获得了精神的自由。

与其和命运硬刚，不如接受命运安排，一味地对抗只会让人心力交瘁，接受并享受当下才能最大程度地减少精神内耗。

一边经历苦难，一边寻找救赎。能救赎自己的不是别人，就是自己，也只有自己。

人生总有起起落落，还要坚强地生活。这世间唯一不变的就是变化。既然如此，无须欢喜，也无须哀叹。

看清了现实的残酷，他依然热爱生活。

正是这份热爱支撑着他一贬再贬，还能坦然面对。

· 7 ·

公元 1085 年，年幼的宋哲宗即位，高太后听政，以王安石为首的一派被打压。苏轼还朝，相继出任中书舍人、翰林学士知制诰、知礼部贡举等职。

但他对新兴势力的腐败作风极力反对，于是再次遭到打击报复，在朝中受到两面夹击，只好自请外调。

公元 1089 年，苏轼赴任杭州知州。在杭州的两年里，旱灾、饥荒、瘟疫同时发生，苏轼上疏请求朝廷减少贡米，并接济百姓，自己出资五十两黄金救助瘟疫病人。当时西湖干涸，杂草丛生，在他的引领下修建水闸，控制西湖水的排蓄，建造起三十里长堤，方便行人，又将在西湖中种植菱的收入用来救济灾荒。西湖在他眼里是那样美好：

> 水光潋滟晴方好，山色空蒙雨亦奇。
>
> 欲把西湖比西子，淡妆浓抹总相宜。
>
> ——苏轼《饮湖上初晴后雨》

他那么爱杭州，爱西湖，有他在，西湖就不会消失，杭州就一定会从灾难里获得重生。任期满后，苏轼再一次离开了他挚爱的杭州，从此再也没有回来过。

两年后他流放于惠州（今广东省惠州市）。自知回归无期，改变不了生活，就继续享受生活。摇身一变为水果爱好者，两年多时间里，把各种时鲜尝了一个遍。

> 罗浮山下四时春，卢橘杨梅次第新。

日啖荔枝三百颗，不辞长作岭南人。

——苏轼《惠州一绝》

唐朝时杨贵妃要吃个荔枝，"一骑红尘妃子笑"，普通人想吃个新鲜荔枝更是难于上青天。那时候可没有什么冷链运输，更没有空运速递，差役们常常跑到"吐血"，那可真是用生命在运送荔枝啊。

有人会问，既然运送荔枝这么劳民伤财，既然杨贵妃如此钟爱荔枝，为什么不亲自去岭南好好吃个够？

事实是杨贵妃永远也不可能去，因为在那个时候，岭南是荒凉偏僻的流放之地，只有犯了重罪的人才会去。

普通人都不愿意去，更别提皇亲贵族了。可见苏东坡是在何等严峻的情况下来到惠州的。

黄州有猪肉美酒，惠州有吃不够的时鲜。现在苏东坡在惠州最大的动力就是，每天一睁开眼睛，就可以敞开了吃水果，吃腻了东坡肉，正好用水果解解腻，在什么地方就可劲儿地挖掘哪里的美食产业。

相信以他的这股"吃货"境界，到哪里都能带动那里的餐饮业。

人嘛，总得给自己找点乐子。

吃就是最直接的快乐。有美食的地方皆为故乡。

苏轼的好友王巩是当年受"乌台诗案"牵连者之一，曾被贬往岭南，他的小妾柔奴也二话不说追随而去。几年后从岭南归来，大家曾难得地聚在一起，苏轼就问柔奴："岭南那么荒凉，住得惯吗？"

柔奴微微一笑："此心安处，便是吾乡。"

一个弱女子，竟有如此格局，将流放异乡这种事情轻松化解，这让苏轼大为震动和感动。

所以多年后当苏轼也下放到惠州时，他已经有了足够的心理准备，正如他回赠王巩的诗所言：

试问岭南应不好，却道：此心安处是吾乡。

——《定风波·南海归赠王定国侍人寓娘》

什么是故乡？故乡应该是那个最能包容自己的地方。故乡绝不是某一个特定的地理位置，可以是烟雨江南，可以是朔漠塞北，可以是繁华都市，也可以是幽静村庄，每一个地方的独特风景都随着心情的起伏、人生的际遇而发生着变化。

也许在最落魄的时刻，那出生的故乡无法回归，但是另一个地方毫不犹豫地接纳了无可归依的人。一个仿佛生母，给予生命；一个好似养母，倾情接纳，你能说谁更重要？

· 9 ·

故乡除了抚慰身心的同时，也抚慰了游子的饥肠辘辘：北方的大碗宽面，烧烤烈酒酣畅淋漓；南方的银丝细粉，生鲜时蔬回味悠长。

智慧如苏轼，在每一个至暗时刻，在每一个远方里，都能很快从中找到属于故乡的慰藉。

初到黄州时："长江绕郭知鱼美，好竹连山觉笋香。"

大饼馒头都能吃出乐趣："天下风流笋饼餤，人间济楚蔞馒头。"

吃肉的借口是："无肉令人瘦，无竹令人俗。"

解锁螃蟹的吃法："半壳含黄宜点酒，两螯斫雪劝加餐。"

春天的第一茬韭菜："渐觉东风料峭寒，青蒿黄韭试春盘。"秋天的第一碗藕："手红冰碗藕，藕碗冰红手。"

可以吃得很高雅："冰盘荐琥珀，何似糖霜美。"

也可以吃得很接地气："牛粪火中烧芋子，山人更吃懒残残。"

有农家乐的烟火味道："西崦人家应最乐，煮芹烧笋饷春耕。"

也有小甜点的闲情："小饼如嚼月，中有酥与饴。"

有酒的微醺："百钱一斗浓无声，甘露微浊醍醐清。"

也有梨的香甜："霜降红梨熟，柔柯已不胜。"

有时令生鲜："蒌蒿满地芦芽短，正是河豚欲上时。"

也有清爽野菜："老翁七十自腰镰，惭愧春山笋蕨甜。"

更有悠闲的下午茶："雪沫乳花浮午盏，蓼茸蒿笋试春盘。人间有味是清欢。"

在痛苦中自我治愈，在清贫中咀嚼香甜，人间有味是清欢，人间处处是故乡。

然而，岭南并不是他人生的最后一站。

生命不停，流放不止。公元1097年，六十二岁的苏轼随着一叶孤舟来到了海南岛，这一次他被贬到了儋州（今海南岛儋州市）。

现在的人会说海南多好呀，有阳光沙滩可以尽情享受，可那时的海南是未经开垦的荒地，偏远贫瘠。

放眼整个宋朝历史，苏轼是唯一一个被流放到儋州的高官。

流放大半生，一次比一次更远，身边的红颜知己一个个逝去，只留下他一人孤独地走完这余下的人生。

苏轼清醒地意识到有生之年已绝无可能回归，和儿子交代好了后事，他毅然决然地踏上了"儋州"这片在当时还被称作"南荒"的凶险之地。

换成一般人，也许就此彻底屈服于命运的不公和戏弄了，但苏轼早已练就了在绝望中重生的意志。

敌对者从始至终都想制服苏轼，他们就是想看到苏轼痛苦忧愁的样子，可使劲了几十年才发现，这人世间最难制服的不是人身，而是人心。

苏轼硬是把一路的颠沛流离过成了诗，即使贬到天边，他依然宣称："他年谁作舆地志，海南万里真吾乡。"[1]海南才是我的家！

他并不只在嘴上说说，他真的把海南当作最可亲的家乡，在这个教育落后的地方，办起了学堂。

成绩就是最好的证明。在此之前，整个海南没有出过一个进士。学子姜唐佐受教于苏轼之后破了这个历史纪录，成为当地第一个举人。

学生出成绩就是老师最大的荣耀，苏轼激动地写下："沧海何曾断地脉，白袍端合破天荒。"

他像是中原吹来的一股清风，带来了中原最先进的文化、教育、

1　苏轼《吾谪海南子由雷州被命即行了不相知至梧乃闻》。

农业生产技术，吹醒了这片沉睡的土地。

一个人的影响力到底有多大？如春风化雨，走到哪里都是一道风景，走到哪里都会发光，走到哪里就改变哪里。

世世代代的海南人都说："东坡不幸海南幸。"东坡说："客气啥，都是自家人。"

　　　　我本儋耳人，寄生西蜀州。

　　　　　　　　　　　　——苏轼《别海南黎民表》

走到哪里都和那里的人打成一片，苏轼何曾是那个拣尽寒枝不肯栖的高冷才子，不但不高冷，反而生活得热火朝天。

当生活一次次皱成一团，他一次次亲手将其熨平。他把这趟半生的流放写成了一部奇趣环游记。

也许敌对者从来也没料到，苏轼本来就是一个资深的旅游爱好者啊，给他一次崎岖不平的旅途，他就能在这崎岖中挖掘出一个活色生香的娱乐王国，而他正是这个娱乐王国里永远的主宰和领袖。

陆游对他崇拜有加：

　　　　公不以一身祸福，易其忧国之心，千载之下，生气凛然。

　　　　　　　　　　——陆游《渭南文集·卷二十九·跋东坡帖》

黄庭坚说他："挟以文章妙天下，忠义贯日月之气。"

在所有对苏轼的评价里，我认为林语堂的最为全面，他说："苏东坡是一个无可救药的乐天派、一个伟大的人道主义者、一个百姓的朋友、一个大文豪、大书法家、创新的画家、造酒试验家、一个工程师、一个憎恨清教徒主义的人、一位瑜伽修行者佛教徒、巨儒政治家、一个皇帝的秘书、酒仙、厚道的法官、一位在政治上专唱反调的人。一个月夜徘徊者、一个诗人、一个小丑。但是这还不足以道出苏东坡的全部……苏东坡比中国其他的诗人更具有多面性天才的丰富感、变化感和幽默感，智能优异，心灵却像天真的小孩。"

是啊，他如此丰富、博大、真诚、有趣，他仿佛有着取之不尽，用之不竭的生命力，带给我们一次又一次的震撼。

走过，路过，看过，吃过。

经历过风吹雨打，却越发释放出对生活无限的热情。

他就是苏东坡，一个永远热火朝天的暖男。

李清照

载不动，许多愁

——谁懂我的国恨家"愁"

若问历代文人中谁写愁绪最动人，李清照一定无人能及。

"一种相思，两处闲愁"，是离别的相思之愁。

"柔肠一寸愁千缕"，是深闺中的寂寞之愁。

"薄雾浓云愁永昼"，是百无聊赖，时光难挨的愁。

"酒醒时、往事愁肠"，是借酒消愁愁更愁。

"正人间、天上愁浓"，是天南海北难相逢的离愁。

"凝眸处，从今又添，一段新愁"，是没完没了的旧恨新愁。

读完不禁仰天长叹："这次第，怎一个愁字了得！"

她笔下的"愁"真是千姿百态，有时缠绵悱恻，有时风情万种，有时大气豪放，有时热血沸腾。愁得有味道，愁得有格调，愁得不媚俗，愁得令人动容。

也许你会说，她的"愁"虽然写得好，但不过是小女子卿卿我我那点小世界。

如果你这样认为，那我只能说你对她的理解还停留在小学生阶段。

她可从来不是一个只有小情绪的文艺女青年，而是一个心系家国天下的巾帼英雄。在国家存亡时刻，她的境界和格局比很多士大夫有过之而无不及。

·1·

咱先说说李清照为什么能这么聪明。

首先基因实在太强大，其父李格非是北宋赫赫有名的文学大家，也是著名的"苏门后四学士"[1]之一，不但外表俊朗，而且做起学问来也极为刻苦。

> 俊警异甚……格非苦心工于词章，陵轹直前，无难易可否，笔力不少滞。
>
> ——《宋史·李格非传》

李清照的生母王氏是北宋汉国公王准的孙女，岐国公王珪的长女，可惜早逝。继母则是当朝状元王拱辰的孙女，也是大家族出身的文化人。

1　苏门后四学士：苏门四学士黄庭坚、秦观、晁补之、张耒之后，苏门后四学士为李格非、廖正一、李禧、董荣。他们都是苏轼的学生，苏轼文学的传人。

妻王氏，拱辰孙女，亦善文。

——《宋史·李格非传》

家学渊源和强大的基因，再加上浓厚的文化氛围，李清照刚出生就赢在了起跑线上。李格非将近四十岁才得来这个宝贝女儿，格外宠爱，也对她寄予了深厚的期望，便从晁补之的诗句"一道清流照雪霜"中选择了"清照"两字命名，希望她能成为时代的一股清流。

李清照果然没有让父母失望，从小便展露出异于常人的天赋，对文字书本产生了浓厚的兴趣。

公元 1099 年的春天，十六岁的李清照写下了她的成名作《如梦令》：

昨夜雨疏风骤，浓睡不消残酒。试问卷帘人，却道海棠依旧。知否？知否？应是绿肥红瘦。

一声"知否知否"如在耳边，一幅"绿肥红瘦"似在眼前。有声有色，有情有景。

此词一出，轰动京师，惊艳天下。

这时靖康之难还未发生，汴京暂时安稳，李清照的人生也不曾经历任何变故，小小年纪她的作品就已经稳稳地立住了才女地位。这足够说明她的才华无须乱世来激发，也无须战争来陪衬。她生来就是天花板的存在。

　　和天底下所有青春期的少女一样，李清照也有一颗叛逆的心，不，何止是叛逆，游玩、喝酒、晚归，一个都落不下，还常常醉到找不着家：

　　　　常记溪亭日暮，沉醉不知归路，兴尽晚回舟，误入藕花
　　深处。争渡，争渡，惊起一滩鸥鹭。

　　　　　　　　　　　　　　　　　　　　——李清照《如梦令》

　　人一出名就会被人用放大镜看，李清照也是。

·2·

　　不少人曾酸溜溜地嚼舌根，说她写得再好，也不过是女孩子家那点小情绪，上不了台面，哪里能跟大丈夫的宏伟格局相提并论。

　　做名人啊，哪有那么简单，就得随时扛得起各种质疑，顶得住各路流言！更何况年少成名，多少人都不服，都等着看笑话呢。没点真才实学还真扛不住这么大的阵势。

　　但李清照是谁呀！对超级"学霸"来说，这点事，那都不算事。再说了，也不看看人家爹是干啥的，身边的亲朋好友都是朝廷要员，家里家外讨论的都是国家大事。

　　老爸有个好哥们儿叫张耒，也是苏门四学士之一。张耒也许你不熟悉，但是另外三个你一定如雷贯耳，分别是大名鼎鼎的黄庭坚、秦观、晁补之。

而李格非则是"苏门后四学士"之一，和张耒的关系十分亲密，常常探讨时政。而年幼的李清照呢，就在旁边一边玩耍一边听大人聊天。都说人是环境的产物，这话太真实了。李清照这种顶级文化氛围中的顶级人才，在这种环境下耳濡目染长大的孩子不优秀才怪。

有一天，正在家中玩耍的李清照忽然听到张耒叔叔与父亲正激动地吟诵着什么，仔细一听，原来是张耒叔叔新出的一篇大作《读中兴颂碑》：

> 玉环妖血无人扫，渔阳马厌长安草。潼关战骨高于山，
>
> 万里君王蜀中老。……百年兴废增叹慨，当时数子今安在？
>
> 君不见，荒凉浯水弃不收，时有游人打碑卖。

中兴颂碑是什么意思呢？唐代诗人元结曾写过一篇《大唐中兴颂》，写得太好了，好到大书法家颜真卿直接将其刻成了碑文，因此而成就"双绝"。所以每当有人看了碑文写读后感，就称为《读中兴颂碑》。

而张耒的这篇就是其中的佼佼者，以荡气回肠的语调歌颂了中兴功臣，简述了安史之乱。

李清照在一旁默默地看着因创作而激动不已的长辈们，也不禁被他们热烈高涨的情绪所深深感染。她不禁文思如涌，顷刻之间提笔写下了《浯溪中兴颂诗和张文潜》：

> 五十年功如电扫，华清宫柳咸阳草。
>
> 五坊供奉斗鸡儿，酒肉堆中不知老。

胡兵忽自天上来，逆胡亦是奸雄才。

勤政楼前走胡马，珠翠踏尽香尘埃。

何为出战辄披靡，传置荔枝多马死。

尧功舜德本如天，安用区区纪文字。

著碑铭德真陋哉，乃令神鬼磨山崖。

子仪光弼不自猜，天心悔祸人心开。

夏商有鉴当深戒，简策汗青今具在。

君不见当时张说最多机，虽生已被姚崇卖。

这首诗为什么写得令人拍案叫绝？写同类题材的作品不少，但大多循规蹈矩，只停留在描述历史，很少联系当下。

而李清照太敢写了，在这首诗里，她不但咏古而且讽今，借唐讽宋，说明了安史之乱的深刻历史教训，警示宋朝当局者"夏商有鉴当深戒，简策汗青今具在"，而且"胡兵忽自天上来，逆胡亦是奸雄才"这一句惊人地预示了二十六年后的靖康之变，并讽刺宋徽宗赵佶"五坊供奉斗鸡儿，酒肉堆中不知老"是国家灭亡的头号风险。

有文笔有勇气有魄力，一个小姑娘令当时的文化圈和政治圈大佬们纷纷投来注目礼。

当时的苏门学士已是学术圈顶流，而李清照轻松超越顶流，更让人咋舌的是她才十六岁。

一个未出阁的少女，将国家大事分析得条理清晰、头头是道，对历史事件的理解与掌握可谓无懈可击，古今联系严丝合缝，对政治的敏感与判断准确无误，轻松碾压京圈各路大神，不禁使在座的各位长辈惊得面面相觑。

李清照，她从来不是一个只会写婉约词的女词人，她总会一次又一次给我们惊喜。

·3·

公元 1102 年的那个仲夏，当阳光透过茂密的槐树散发出温柔的光线，当婀娜的青藤爬上了屋檐，二十一岁的赵明诚叩开了李府的门，也叩开了李清照十八岁的心扉。

这一年李清照迎来了她人生中最美的初见。

> 蹴罢秋千，起来慵整纤纤手。露浓花瘦，薄汗轻衣透。
> 见客入来，袜划金钗溜。和羞走，倚门回首，却把青梅嗅。
> ——李清照《点绛唇·蹴罢秋千》

这是我见过最动人的初见，是只有李清照才能写得出的初见。

一个是礼部员外郎的才气千金，一个是儒雅的吏部侍郎的贵公子，门当户对，天作之合，既有父母之命，媒妁之言，又暗生情愫，情投意合，这样的婚姻简直令人羡慕嫉妒。

而婚后的他们更是惊喜地发现，两人在兴趣爱好上也是出奇地一致。除了文学经典、诗词歌赋，他们对名人字画、金石奇器也有着同样的热情。

有趣的灵魂相遇，是多少人的梦想啊！

然而新婚的热情还未散去，李清照的父亲李格非就因被卷入元祐党而受到贬罚，朝廷要求一概人等与元祐党人划清界限。李清照不得已与赵明诚分离，新婚不久就要面对分离，相思如潮水不断：

红藕香残玉簟秋。轻解罗裳，独上兰舟。云中谁寄锦书来？雁字回时，月满西楼。

花自飘零水自流。一种相思，两处闲愁。此情无计可消除，才下眉头，却上心头。

——李清照《一剪梅·红藕香残玉簟秋》

由于党派之争，赵家也相继失势，夫妻俩却因此获得了重聚的机会。李清照随丈夫回到青州，在乡间无世事纷扰，专攻金石书画，潜心钻研，度过了人生中最岁月静好的十年。

其间他们还完成了一件大事，在李清照帮助下，赵明诚完成了《金石录》的主体创作。

对赵明诚来说，和优秀的妻子生活在一起既丰富有趣，也充满压力：老婆的智商时时碾压着他，无论他怎么努力，都无法超越。

李清照的光芒令赵明诚既倾慕又不服，总想与妻子一比高下，他悄悄把妻子的三句词夹杂在自己的诗作里请朋友欣赏点评。朋友看完称赞："不错，写得不错，尤其是其中'莫道不消魂，帘卷西风，人比黄花瘦'，这三句简直是神来之笔。"

一阵尴尬之后，赵明诚更是彻底为老婆的才情所折服，因为这三句正是出自李清照之手。

看到这里你是不是也觉得这样的开头过于完美，完美得有些不真实。有时候啊，过分的完美和顺利不一定是件好事，也许那只是表象。海面上风平浪静，也许海面下早已布满了暗礁险滩，只要起一点风，便会撞得头破血流。

公元1118年，蛰伏十年的赵明诚被朝廷重新起用，这是好消息，也是坏消息：重归仕途，人生又有了新的奋斗目标；而对于婚姻，从此相隔两地，聚少离多，这段感情也面临着新的挑战。

此时李清照已经三十七岁，赵明诚也已到不惑之年。

此前无权无势，还能一心钻研学术，心无旁骛。中年男人有钱有势之后，春风得意，赵明诚此刻忙着两件事：娶小老婆和应酬。

没想到中年人的爱情啊，也会脆弱到如此不堪一击。

当李清照满心欢喜地从青州赶到莱州去和丈夫相聚，却亲眼看到这一幕幕真实地出现在眼前，她的心被撕成了丝丝缕缕的碎片。在那个封建时代，纳妾本来也不是什么罪过，再加上结婚多年没有生下一男半女，她自认没有权力指责他，有再多的怨恨也只能付诸纸端：

> 香冷金猊，被翻红浪，起来慵自梳头。任宝奁尘满，日上帘钩。生怕离怀别苦，多少事，欲说还休。新来瘦，非干病酒，不是悲秋。
>
> 休休！这回去也，千万遍《阳关》，也则难留。念武陵人远，烟锁秦楼。唯有楼前流水，应念我，终日凝眸。凝眸处，从今又添，一段新愁。
>
> ——李清照《凤凰台上忆吹箫》

曾把爱人看成生命中的一切，愿意跟随他天涯海角。如今他另觅新欢，她对生活也失去了热情，曾经那些激情燃烧的岁月已永远地成为过去式。女为悦己者容，曾经"绣面芙蓉一笑开"，而如今，连梳头都是多余。

"多少事，欲说还休。"——是多少人的真实写照啊！多少人曾经话到嘴边又咽下。说出来既然什么也改变不了，反而只会让夫妻情分更糟，反目得更快更彻底——不，好不容易经营起来的婚姻，她还不想这样退出，不如把这一切都默默地消化了。

她只能安慰自己，没什么，不过是又添了"一段新愁"。

讽刺的是，几年过去，赵明诚的妾室们也无一人诞下子嗣，这下谁都能看得出是赵明诚的问题了。

十年的恩爱时光就这样冻结在了某一个时空里。

所幸他们还有一样共同的事业，作为两宋历史上的两位金石界的杰出人才，他们并没有荒废这十年光阴，而是把所有的精力都放在了《金石录》的完成上。

她和赵明诚早已超越了普通夫妻的感情，也许爱情消散，却还是同行者，是战友，是知己，更是合作者。

· 4 ·

宋钦宗靖康二年、宋高宗建炎元年（公元 1127 年）是北宋历史上最屈辱的一年，也是李清照的命运被改写的一年。

金人南侵，宋徽宗、宋钦宗被俘，史称"靖康之变"。

赵明诚被南宋朝廷任命为江宁知府，李清照时时心系时局，然而赵明诚又一次突破了她的底线：赵明诚竟然在一次叛乱中，弃城而逃。

软弱无能，毫无气节，这就是自己相伴多年的灵魂挚友。心中曾仰望的丈夫，下不能尽责于婚姻，上不能效忠于国家。在逃亡途中，李清照一路无言，只留下了一首《夏日绝句》：

生当作人杰，死亦为鬼雄，

至今思项羽，不肯过江东。

——李清照《夏日绝句》

字字都是对赵明诚的嘲讽和失望：你冷落我，我忍了，你找小老婆，我也忍了，可是你当逃兵，我绝不能忍。

二十多岁时的那个赵明诚多么美好呀！是早春那样挺拔的一棵青杉。那个初见的午后，那个时间停止、万物忘记了呼吸的午后，那个曾经令她"和羞走，倚门回首，却把青梅嗅"的青衫少年如今却让她感到陌生。

爱过，怨过，闹过，一段婚姻终于走到了尽头，赵明诚在羞愤中离开了人世。

如果能重来一次，他会做出什么样的选择？

可惜人生没有重来键，李清照不得不独自面对接下来的战乱人生。

公元 1130 年，在金人的扶持下，刘豫建立伪齐。李清照听闻消息之后，对其投降行为加以斥责：

两汉本继绍，新室如赘疣。

——李清照《咏史》

在这一句诗里，作者用"两汉"暗指"两宋"，说西汉之后理应是东汉，可是两汉之间却是王莽篡位的十五年。北宋之后的正统王朝也理应是南宋，所以伪齐和王莽一样，不过是傀儡政权，既多余也无用。

她一路逃亡一路颠簸，失去丈夫的依靠，失去父母的庇护，但占据她心里第一位的永远是国家局势和统一大业。

· 5 ·

后来，李清照在孤苦无依中被"渣男"张汝舟利用，经历了再婚、家暴、离婚、坐牢。本以为她会被打倒，但她的霸气再一次拯救了她。面对欺骗和家暴，她没有选择沉默，冒着自己坐牢的风险，亲手将渣男送进了大牢。

宋朝的刑律规定，妻告夫，虽属实，仍要服刑两年。她明知结果，但她绝不妥协。

觉醒并反杀，这份勇气和决心哪怕是在文明程度高速发展的今天，大多数女性也难以做到。

从精灵少女到霸气主妇，她哪里是小女子，分明就是气场全开的"大女主"。

从绝境中走出来，她没有被打倒，依然保持创作热情。经历了个人情仇，她更不将生命寄予小情小爱，而是把所有的注意力都放在了国家大事上。

公元1133年，宋高宗想派人去金国打探情况，朝中无人敢应，韩肖胄冒着生命危险前往。李清照以"欲将血泪寄山河，去洒东山一抔土"[1]相赠，字里行间是对韩公大义的歌颂和赞扬。

尽管繁华落尽、青春不再，但她也从没有碌碌无为，更没有靠打牌说闲话打发时间，而是时时心系时局。

次年，李清照终于将《金石录后序》完结。金兵入侵后，李清照无奈之下来到浙江金华避难，在这里，她得到了暂时的宁静，可是对国家的忧愁却一刻未曾停歇：

千古风流八咏楼，江山留与后人愁。

水通南国三千里，气压江城十四州。

——李清照《题八咏楼》

很难看出如此雄健有力、气势恢宏的文风是出自一个柔弱女性之手。

经历过了人生中的无数次颠沛流离，分分合合，无数的战火纷飞和流离失所。如今，沧海桑田，物是人非。她还会是当年那个为自我情愫而愁的小女子吗？

那个柔肠一寸愁千缕的闺中女子早已不复存在。我们只看到了她

---

1 李清照《上枢密韩肖胄诗二首》。

词作中婉约的一面，却从来不曾认真体会她大丈夫般的境界与格局、她的霸气与勇气，即使身为朝中官员，也未必有人能有她的气魄。从十六岁到六十岁，她从未改变。

她与赵明诚在动荡的岁月里历经颠簸劳苦，共同完成了中国最早的金石研究著作，无论是对历史文化，还是金石书法，都贡献了不可小视的力量。

她开创的"易安体"既大胆又真诚，既细腻也热烈，连辛弃疾这样的英雄都来模仿。

历史上才女不少，但李清照的地位可不只是"女"词人，她的实力前面无须加上性别。她就是名副其实的词宗、词圣，是令万千读书人仰望的楷模。她书写爱情和生活信仰，追踪理想。而我们又何其有幸，能通过她听到那个时代的最强音。

她的耀眼光辉并不是因为女性性别的加持，而是她每一次出手都惊艳四座的作品。历史上女诗人、女词人那么多，但若论家国情怀，李清照首屈一指。

明代三大才子之首的杨慎曾评价："宋人中填词，李易安亦称冠绝。使在衣冠，当与秦七、黄九争雄，不独雄于闺阁也。"清朝蜀中三才子之一的李调元也认为："易安……不在秦七、黄九之下。"

这些后世大家一致认为，李清照的水平可与秦观和黄庭坚并肩，就是最好的证明。

她是名副其实的千古第一才女，胡适赞她"宋代女文豪"，沈谦称她"极是当行本色"。清末明初学者沈曾植对她的英雄气慨推崇备至："易安倜傥，有丈夫气，乃闺阁中之苏、辛。"

当年华已逝，发染霜华，她终其一生都没有停止过对真理的追求和对故土的热爱。她的"愁"里包含着的是雄壮恢宏的家国大业，是山川载不动的故土悲哀，是岁月经不起的漫长等待，既然"载不动"，不如"江山留与后人愁"吧。

陆游

夜阑卧听风吹雨，铁马冰河入梦来

——这片山河，死了都要爱

他是写爱国诗最多的诗人，每次翻看他的爱国诗，都忍不住热泪盈眶。却发现他的眼泪早已流淌成河：

> 胡未灭，鬓先秋，泪空流。
>
> 遗民忍死望恢复，几处今宵垂泪痕。
>
> 遗民泪尽胡尘里，南望王师又一年。
>
> 病起窗前发如雪，夜闻风声孤涕零。
>
> ……
>
> ——陆游《诉衷情》

一生流泪，一生苦等，一生不屈，"位卑未敢忘忧国，事定犹须待

阖棺"是他的真实写照，"壮心未与年俱老，死去犹能作鬼雄"是他的不甘，"夜阑卧听风吹雨，铁马冰河入梦来"是他的期待，"王师北定中原日，家祭无忘告乃翁"是他最动人的绝命诗。

他一生坚定不移地爱着这片山河，直到生命的最后一刻。

· 1 ·

公元 1189 年，六十五岁的陆游又一次遭到罢免。已经数不清自己是第几次被贬了，而原因依然还是因为他坚持北伐，促成统一，却被主和派所不容。

就这样，头发花白的陆游跌跌撞撞地回到了家乡，那是山阴（今浙江绍兴）的一个小村庄，也是他每次被贬后的去处。他对官职并不在意，纵观历史，谁不是起起伏伏，再说自己以前也不是没有被贬过。

但这次被遗忘的时间有点儿久，整整十二年。

那是回到江阴的第三个冬天，一个阴冷沉郁的夜晚，黑沉沉的天幕向大地重重地压下来，整个村庄笼罩在爆发前的平静里。

此刻，六十八岁的陆游正侧卧在榻，左手握一册书卷，双眼微闭。他的身体状况大不如前，有时候看着书就睡着了，尤其在冬天，夜色来得早，一觉醒来已是满天繁星。

但今天，他是被雷声惊醒的，睁开眼也不是满天星斗，星斗早已淹没在了漫天风雨里。远处，依稀传来人的呼喊声、惊叫声、急促的脚步声。

陆游却反而放松了下来，这天气仿佛他许久以来心头的压抑，也期待着爆发时刻。

这份压抑是从什么时候开始的？他细细追寻。

也许是从 1127 年金兵攻破汴京城的那一刻。那年他才两岁，也许不会有清晰的记忆，但是两岁之后，随父母逃亡的童年时光却早已深深地印在了他的脑海里。

五岁那年，金兵渡江之后继续向南挺进，宋高宗带着朝臣们一路向南逃，父母也带着他一路向南逃。他人生中的第一个画面就是不停地逃，从北向南。

他们不想离开，但却不得不眼睁睁看着原本安宁的家园走向覆灭。北宋朝廷承载了陆家这个家族太多的记忆。陆家世代为北宋朝廷效力，高祖陆轸是吏部郎中，祖父陆佃官至尚书右丞，还是王安石的学生，并编著了《春秋后传》《尔雅新义》等重要典籍。

陆家为此奉献了数代的心血，"国家"二字早已深深浸入到他的血液里。忽然有一天，要彻底与之告别，无异于割舍他们生命中最重要的那个精神世界。

从小他就听着长辈们探讨国事，每每说到动情之处，义愤填膺、咬牙切齿，继而痛哭流涕，恨不能献出生命以挽回昔日国土。

> 绍兴初，某甫成童。亲见当时士大夫相与言及国事，或裂眦爵齿，或流涕痛哭，人人自期以杀身翊戴王室。
>
> ——陆游《跋傅给事帖》

因此，他比别人更早熟。在那个本应无忧无虑的年纪，年幼的陆

游一路上看到的是逃亡的流民，听到的是凄厉的哭喊，战火的蔓延带给他无尽的恐惧，颠簸的行程带给他无尽的疲倦：

> 我生学步逢丧乱，家在中原厌奔窜。
>
> 淮边夜闻贼马嘶，跳去不待鸡号旦。
>
> 人怀一饼草间伏，往往经旬不炊爨。
>
> 呜呼！乱定百口俱得全，孰为此者宁非天。
>
> ——陆游《三山杜门作歌》

是的，从那一刻起，他的人生就打上了压抑的标记。

· 2 ·

雨点开始噼里啪啦扑打在窗棂上，从那沉重的撞击声中能听得出每一滴雨点的重量。

他记住了父亲的话，考上功名，也许就有希望。为了那个收复河山的终极目标，他要开始闯关了。

第一关是考功名，有了功名才可以获得话语权，他要入场为官，上阵杀敌，北定中原。

他自幼才智过人，十二岁就能诗文。前面提到过陆游祖父和父辈们编史修典，于朝廷有功，陆游得以恩荫补登侍郎。1153 年，二十九岁的陆游参加"锁厅"考试却名落孙山，"锁厅"是面向恩荫子弟和在职官员的进士考试。

陆游失败的原因不是他水平不够，恰恰相反，他的成绩太优秀，位列第一，排在了秦桧的孙子秦埙前面，自此秦桧与陆游结怨。有秦桧在，陆游便无法出头。第二年的礼部考试，陆游又被秦桧以不予录取刷下。

终于在三十岁那年，随着秦桧的死去，陆游才成了一名官员。

好不容易进入仕途。接下来他面临的第二关是皇上。只有获得皇上的支持，收复大计才有希望。

只可惜高宗赵构根本就没想过抗金这事，他打压主战派，还杀死了抗金名将岳飞。他有自己的小心思，如果岳飞真的直捣黄龙，迎回徽钦二帝，自己就只能乖乖让出皇位。这对他是致命的威胁。

可如果打不过，偏安一隅就是最好的退路。事实上他也清楚以目前的实力根本打不过，可偏安就得议和，金兀术答应议和的条件之一是除掉岳飞：

> 汝朝夕以和请，而岳飞方为河北图，必杀飞，始可和。
>
> ——《二十四史·宋史·岳飞传》

于是赵构借秦桧之手于风波亭杀死岳飞，大肆清洗岳家军。这桩桩件件摆明了主战派的境地。

第三关是那些主和派的阻挠。

宋孝宗即位后，为岳飞平反，有意收复中原，并着手隆兴北伐。陆游仿佛看到了一丝希望。他支持北伐将领张浚，主和派给他安了个"鼓唱是非，力说张浚用兵"的罪名。这个罪名吧，分明就是在说：

"想打仗就是有罪，不需要什么理由。"

公元 1170 年，主战派王炎任川陕宣抚使，并邀请四十七岁的陆游前往南郑担任幕僚。陆游开心得像个孩子，终于，离梦想越来越近了，他感到浑身有使不完的劲儿。

王炎深知陆游的一腔抱负和才华，委托他草拟收复计划。

凭着多年来对局势和军事的了解和绝对的文化水准，陆游很快就拟出了"驱逐金人，收复中原"的战略部署和方案《平戎策》，提出："收复中原必先取长安，收长安必先取陇右始。"

他从来都不是纸上谈兵，在南郑的这段时间里，他几乎每天都穿梭于前方各据点，往返于战略要塞，跻身于抗金前线，虽然艰苦危险，但是内心是有奔头的。身体上的苦从来都不是苦，精神上的希望可以让一个人忽略所有的苦，因为这一切都值得。

大散关的每一个角落都留下了他不屈的身影，这里也是他距离"铁马冰河"最近的一次：

在这里我们看到了他"上马击狂胡，下马草军书"的气魄和"二十抱此志，五十犹癯儒"的坚持。看到了他"丈夫毕此愿，死与蝼蚁殊"的气节。也看到了他"志大浩无期，醉胆空满躯"的无奈。[1]

然而，这次行动还没正式开始，就被统治者扼杀在摇篮里。同年十月，《平戎策》被朝廷否决，王炎幕府不得已解散，一切的心血功亏一篑，北伐计划又一次沦为泡影。

而这一刻已经是陆游在前线日夜操劳的第八个月。陆游所有的激

1　陆游《观大散关图有感》。

情和希望都达到顶点时，却被朝廷的决议当头浇了一桶冷水，他那火热的报国情怀被浇了个透心凉。

· 3 ·

如果说这一路上，还有什么能暂时抚慰他的忧愁，也许就是那志同道合的同行者。

公元 1174 年，范成大任职四川制置使，成为当地的最高军政长官，陆游进入其麾下做了他的参议官。

范成大文学造诣极高，与杨万里、陆游、尤袤并称为南宋"中兴四大诗人"，外公是北宋书法大家蔡襄，所以他也延续了这份书法天才的基因，成为南宋书法名家。

不但文采斐然，还有勇有谋。范成大曾临危受命出使金国，且不辱使命，全身而退，为南宋政权赢得了气节，立下汗马功劳，深得孝宗信任。回朝后即升为中书舍人。

范成大是陆游的上司，陆游是范成大的幕僚，虽是上下级，但他们惺惺相惜，从书法诗文到国家大事，他们之间有着无数的共同话题，他们之间没有级别的阻碍，是同龄人，是同乡，是文友，也是时时忧国忧民的同行者。

他难以忘记淳熙二年的那个秋天，范成大在成都阅兵，陆游也一同前往。浩浩荡荡的士兵迈着雄壮的脚步从检阅场上列队走过，震天动地的口号响彻了高山大川，旗帜猎猎，战马矫健。

千步球场爽气新，西山遥见碧嶙峋。

令传雪岭蓬婆外，声震秦川渭水滨。

旗脚倚风时弄影，马蹄经雨不沾尘。

属囊缚裤毋多恨，久矣儒冠误此身。

——陆游《成都大阅》

陆游在这首诗里表现出了强烈的北伐意愿，让主和派们感到了危机，于是以"恃酒颓放"为借口诋毁他。

陆游呵呵一笑，对敌人最大的蔑视是不辩解："没错，我就是颓放，请称呼我'放翁'，谢谢。"

门前剥啄谁相觅，贺我今年号放翁。

——陆游《和范待制秋兴》

从此"放翁"成了陆游的号。既然你们说我狂，那我就狂给你们看。

表面上的颓废放浪，只是因为巨大的失望。从1164年隆兴北伐战败后，与金人签下合议到现在，已经过去了十五年。十五年来为政者就像什么都没发生一样，边境成了摆设，歌舞声色倒成了日常。十五过去了，青丝少年已白发苍苍，将士们老死在边关，曾经彪悍的战马因长期缺乏训练，一身肌肉变肥肉，跑两步就喘。国土任人践踏，金人铁蹄下的北方人民还眼巴巴地等着我们去救，所有的这一切，当局者你们都看不到吗？请问你们怎么能坐得住？

和戎诏下十五年，将军不战空临边。

朱门沉沉按歌舞，厩马肥死弓断弦。

戍楼刁斗催落月，三十从军今白发。

笛里谁知壮士心，沙头空照征人骨。

中原干戈古亦闻，岂有逆胡传子孙。

遗民忍死望恢复，几处今宵垂泪痕。

——陆游《关山月》

· 4 ·

陆游被免职后，两人不得不面对别离，范成大送别时依依不舍：

明朝真是送人行，从此关山隔故情！

——范成大《次韵陆务观慈姥岩酌别二首》

想到中岩送别时的情景，范成大每每难掩泪水：

月生后夜天应老，泪落中岩水不流。

——范成大《余与陆务观自圣政所分袂，每别辄五年，

离合又常以六月，似有数者。中岩送别，

至挥泪失声，留此为赠》

分别不代表遗忘，他们更加地支持彼此。

范成大奉旨还朝时，陆游风尘仆仆赶来为挚友送行，千般叮咛万般嘱托，但他嘱托的不是自己的个人情感，而是国家前途：

因公并寄千万意，早为神州清虏尘。

——陆游《送范舍人还朝》

朋友啊朋友，你不是一个人，你是代表我们无数个子民，为了我们共同的梦想，为了大宋前程，为了驱除鞑虏，一切都拜托你了。

有一种友谊叫：如果你无法前行，我替你前行。

但陆游等来的却是希望的破灭。作为主战派范成大面临着朝廷无形的枪林弹雨，遭遇了言官弹劾。

1193 年，范成大去世那天，这一天是陆游一生中最无助的一天。人的一生能有几个挚友？他们曾一起饮酒，一起作诗，一起阅兵，一起部署军事行动，一起忧国忧民，一起做着铁马冰河梦……

他捧起范成大写给他的那些诗，有送别，有思念，有鼓励，有不舍，泪珠沿颊而下，他已经很久没有这样痛哭过了，上次这样失声痛哭还是在小时候的逃亡路上。

他是个要强的人，大半生与主和派们针锋相对，从来不曾服过软，在人前纵有天大委屈也从不红一下眼眶，被削职罢官时他更未曾有过半分哽咽。可是在与故友重逢的梦里，他哭到不能自已。

平生故人端有几？长号顿足泪迸血。

生存相别尚如此，何况一旦泉壤隔。

——陆游《梦范参政》

正是因为有这样的同行者，他的救国之路不再孤单。

何必流泪，遇见已是幸事。

想到这里，他长长地一声叹息，虽然已经过去了二十年，但是每每提及，还是心痛得无法呼吸。

年轻时他曾那么狂傲不羁，随着岁月渐老，却总是难掩泪水。

他哭友人的离去，哭自己的不得志，哭这天下分崩离析，哭故土难归，哭关河梦断，哭胡未灭，鬓先秋，哭心在天山，身老沧洲！

当年万里觅封侯，匹马戍梁州。关河梦断何处？尘暗旧貂裘。

胡未灭，鬓先秋，泪空流。此生谁料，心在天山，身老沧洲。

——陆游《诉衷情》

雨点早已形成了一条条鞭子，狠狠地抽打着窗格，窗户纸很快被打湿打破，一阵寒意透过窗格窜了进来，他忍不住打了个冷噤。

·5·

他抬起衣袖擦了擦脸颊，坐起身来。窗外风雨依然肆虐，但他的心情平复了许多。

此刻他已经是六十八岁的老人了，他孤独无力地倚坐在榻上，在这个遥远偏僻的荒村一角坚守着自己的理想。

老就老吧，谁不会老呢。这把老骨头有什么可惜，如果还能有机会为这个国家做点什么，就算奉献生命也在所不惜。

雨声滂沱，风声呜咽，村庄孤独，他也孤独。人间有无数种理想，有功名利禄，有贪婪欲望，有风月喧哗，为何唯独他的理想不被这个世界所理解？

他是南宋最执着的孤勇者，一路义无反顾地前行。

他曾经无数次悲伤，却没有一次是为自己。他的心太大，装得下整个国家；他的心又太小，小到只有国家，掺杂不下丝毫的世俗，连做梦都是在杀敌途中。

夜色愈来愈深沉，忧愁一点点地耗尽他的精力，昏昏沉沉中他仿佛又一次听到了那震天动地的呐喊声，比成都阅兵时的那次还要嘹亮，还要高亢。一队队精壮的士兵如云般拥来，一匹匹矫健的战马沿冰封的河流飞奔而来，铁甲与兵器撞击发出清脆的声响。

其中一个骑马的将士看到他勒马停了下来，他看不清那人的脸，也许是范成大，也许只是一个普通的将士，那人拉他上马："走！我们去收复河山！"

"好，好！"陆游忙不迭地伸出手，翻身上马，向远处疾驰而去。

梦中的陆游嘴角微微扬起，一行泪珠滑落，流向两鬓，他轻声呢喃着：

　　僵卧孤村不自哀，尚思为国戍轮台。

夜阑卧听风吹雨，铁马冰河入梦来。

——陆游《十一月四日风雨大作》

·6·

在山阴蛰伏了整整十二年之后，陆游在七十八岁高龄之际又一次回归了京城，奉旨编修国史，七十九岁去职还乡。

在人生的最后几年，两件事情深深地影响着他，一件是与辛弃疾的见面。这是两位钻石级爱国者、天王级文豪的见面，本应是星光四射的场面，但现实却是只有一壶清茶、几杯淡酒，他们聊时事，聊政局，聊报国无望，聊平生遗憾。

另一件事则点起了陆游生命中最后一次火光，1206 年，宋宁宗终于同意韩侂胄北伐。然而，军中突发政变，史弥远割下韩侂胄人头送往金国。陆游心中刚刚燃起的一点火光，又一次熄灭了。

虽然这次北伐目的并不单纯，只是韩侂胄为了与政敌抗衡而发起的。但不管怎么说，韩侂胄也是倾向于北伐的，只要他还在，北伐就有可能。可韩侂胄被谋杀后，史弥远及其主和派彻底占了上风。北伐从此更加遥遥无期。

公元 1210 年 1 月，正是冬天里最冷的时刻，八十五岁的陆游虚弱地躺在榻上，儿孙们神情悲凄地跪在一旁，在等待着他最后的教导和嘱咐。连续几日水米未进的他缓缓睁开眼睛，用尽最后一口气留下了那首我们熟悉的临终之言：

死去元知万事空，但悲不见九州同。

王师北定中原日，家祭无忘告乃翁。

——陆游《示儿》

大多数人在生命的最后一刻，给儿孙们的遗言基本是关于财产分配和家族事宜的，而陆游在他生命最后一刻留下的却是对祖国的深深眷恋和牵挂，是对统一大业的意难平：

"我抗争了一生，为之奋斗了一生，还是没有等到这一天。可就算是此刻就要离开这个世界，我也会带着我的铁马冰河梦继续等下去！如果这一天到来，你们一定要记得立刻告诉我啊！"

辛弃疾

蓦然回首，那人却在灯火阑珊处

——不瞒你说，那人正是我自己

每次提到辛弃疾，我的内心除了心痛就只有无限的崇拜：心痛他一生等待，一腔热血被辜负；崇拜他把男人该干的事都干了，还都干得那么漂亮。

辛弃疾实在有点特殊，说他是武将吧，但他不是只知道打打杀杀的愣头青；说他是文化人吧，他又没有文人的那股酸腐劲儿。

当英雄气概遇上书生气质，当霸道战神与文艺青年合体，威武勇猛的外表下藏着一股说不出的雅士风流，成就了强大的天生神力与深情的偶像人设。

这令人难以抗拒的人格魅力！

"众里寻他千百度。蓦然回首，那人却在灯火阑珊处。"——每每提到这句词，多少人会情不自禁地陷入恋爱的甜蜜追寻里：千万里我追寻着你，可是你却不知踪迹，这是一种怎样的执着。而蓦然回首的那一刻，带来的是不可言喻的惊喜，就在那屡寻不得的失望中，不经意的一瞥，内心狂跳的同时，也获得了一份尘埃落定的安心。心爱的姑娘从未曾真正离去，就在我身后，在一片孤寂的灯影背后望向夜空，和我观望着同一片烟火。

上辈子拯救了银河系才能遇到这种痴情又有趣的"男主角"吧。

词读到这里，我自己都有点感动了，但如果不是了解了辛弃疾的那些精彩往事，我差点儿就信了。

因为这首词写的根本就不是爱情，是什么呢？这得从辛弃疾二十三岁那一年说起。

· 1 ·

公元 1162 年的一个傍晚，二十三岁的辛弃疾带着一行人马在猎猎风沙中疾驰。虽然才二十出头，但长期的野外作战和艰苦训练让他看起来比实际年龄成熟得多，宽大的战袍随风飞扬，在战马上剧烈地抖动，战袍下那张本来就俊朗的面容被风霜雕刻得更加棱角分明，英气逼人。

谁也不会想到，也不敢想象，这区区五十人正在杀往有着五万大军的敌营。对，你没看错，不是五千，也不是五百，而是五十。五十对阵五万，这悬殊的力量对比，放在任何人身上，都是以卵击石，后果不堪设想。

辛弃疾不是不知道这次行动的危险，但他没有退路，他要在这

五万敌军中杀出一条血路，活捉杀害义军首领耿京和带走数名士兵投敌的头号叛徒张安国。

绍兴三十二年（1162）闰二月，张安国等攻杀耿京。

——《宋史·高宗本纪》

而此时的张安国则在五万重兵把守的金国重镇济州官府被加官晋爵，他给金国立下了这么大的"功劳"，金人自然对他各种封赏、重用。

这个时候要活捉张安国，可想而知有多难。但辛弃疾没得选择，这是他必须完成的使命，第一他要替对他有知遇之恩的耿京复仇，第二要向南宋朝廷复命，第三他也要证明自己。只有证明了自己，才有机会继续以后的统一大业。所以他告诉自己这一行只许成功不许失败。

张安国想不到，此时他的生命已经进入了倒计时。

他以为在金人的管辖区内，一定是安全的，直到辛弃疾提着剑站在了他面前。他知道辛弃疾说一不二，但他没想到这一切会来得这么快。

张安国早就知道辛弃疾不好惹。上次义端和尚盗走军印，辛弃疾一路狂追，硬是把义端的人头和军印追了回来。这次他就是趁着辛弃疾不在军中，才敢杀死耿京投敌。按他的计划：有了金国的保护，他辛弃疾就算有三头六臂也没办法了吧。

可是辛弃疾就这样真实地站到了他的面前。

为了生擒他，辛弃疾与另一将领王世隆早做好计划，里应外合，杀伐决断，如愿将瑟瑟发抖的张安国送上了去往南宋朝廷受审的路上。

会张安国、邵进已杀京降金，弃疾还至海州，与众谋曰：“我缘主帅来归朝，不期事变，何以复命？”乃约统制王世隆及忠义人马全福等径趋金营，安国方与金将酗饮，即众中缚之以归，金将追之不及。献俘行在，斩安国于市。

——《宋史·卷四百一·列传第一百六十·辛弃疾》

比起愤怒，金国更大的感受应该是丢脸吧，堂堂数万大军，竟然让几十个毛头小子来去自如劫走人，这说出去可不是一般的丢人。

当辛弃疾把已经哆嗦成一团的张安国扔到宋高宗面前时，这位憋屈的皇帝可算是出了一口气：金国一贯侵略成性，占我国土，掳我国民，还暗杀抗金的义军。

从敌营中活捉叛贼这种比登天都难的事，辛弃疾竟然真的做到了，干净利落！

此后，辛弃疾也真正地回到了“南宋”的怀抱。

很多年后，辛弃疾回忆起二十三岁那一年渡江归宋的自己，依然难掩激动，一切仿佛都发生在昨天，清晰明朗：

壮岁旌旗拥万夫，锦襜突骑渡江初。

——辛弃疾《鹧鸪天·有客慨然谈功名因
追忆少年时事戏作》

·2·

张安国被斩首示众，一时大快人心。而辛弃疾却心情复杂，他的思绪又飘回到了数日之前。

上次他出发前，耿京大哥对他委以重任："这次南下意义非比寻常，能与朝廷联合围攻金军是咱们盼了多少年的大好机会。"

> 金主亮死，中原豪杰并起。耿京聚兵山东，称天平节度
> 使，节制山东、河北忠义军马，弃疾为掌书记……
> ——《宋史·辛弃疾传》

这对辛弃疾来说又何尝不是多年夙愿呢，扫除金军，收复故土，是他一直以来的梦想。为了这个梦想，他从记事起就开始做准备，不，应该是从上上一辈，辛家就开始做准备了。

当时金军占领中原，爷爷辛赞迫于族人安危，只能暂时隐忍，不得已在金人手下做事，但他对孙子寄予厚望，时时刻刻对他开展爱国教育，还以霍去病为榜样，给他取名辛弃疾，就是希望他将来能够抗金报国，一雪国耻。

终于等到了朝廷接见他商讨联合抗金的这一天，他怎能不激动？可一切刚开了个头，军中就传来令人骇然的消息：义军首领耿京被叛徒张安国杀害。

统帅被杀，军中顿时一片惶然，军心动摇。这支好不容易建立起来

的军队承载了他家族几代的抱负与梦想。此事如果不解决，则前功尽弃。

刚出差回来，数日辛苦骑行，本应回帐中休息，可此刻的辛弃疾哪里还有心思休息，他拉转缰绳改变行进方向。于是就有了开头的那惊天一战，而这一战让辛弃疾的英名一时间传遍整个中原。

敌人提起他瑟瑟发抖，人们对他的神勇争相传颂，可谁也没有料到英雄之路，才刚刚开启就在这高光时刻戛然而止。

· 3 ·

辛弃疾一战成名，因此获得功名，被任命为江阴签判，他来到天子脚下，心想：离皇帝距离越近，也许离报效国家的梦想就更近了。

献俘行在，斩安国于市。仍授前官，改差江阴签判。弃疾时年二十三。

——《宋史·辛弃疾传》

正是热血沸腾、大干一番事业的大好年纪，辛弃疾对北伐抗金早就积累了多年的经验，它将经验和想法全部写进了《美芹十论》和《九议》里，无数次地向朝廷表明自己的心迹。

臣尝鸠众二千，隶耿京为掌书记，与图恢复。

——辛弃疾《美芹十论》

这些都是他的心血之作，他望眼欲穿地等待着朝廷的回复。可是一天过去了，两天过去了，一年过去了，两年过去了，朝廷不但没有任何举动，反而传出了另一些风言风语。

有人说他的祖父为金人统治区做事，是"归正人[1]"，不可信。

有人说他就是为了出风头。

有人忌惮他过人的英勇。

还有人根本就不想打。

主和派反对，皇上也反对。宋高宗赵构有着自己的小算盘：如果打输了，劳民伤财，国破家亡，对他没有任何好处；可如果打赢了，徽钦二帝回来了，他这个皇位就没了，对他更没有好处了。

一旦打起来，无论这场战争是输是赢，输的都是他。这样看来，能使他利益最大化的选择就只有偏安一隅了。

宋孝宗即位后，虽然也曾有志于北伐，却遭遇隆兴北伐的失利，再加上太上皇宋高宗又时时提醒他："彼之胜负，我之生死。"偏安的气息弥漫了整个朝廷。

眼看收复河山遥遥无期，连当时的文人林升都心生不齿，作诗讥讽求和者：

山外青山楼外楼，西湖歌舞几时休？
暖风熏得游人醉，直把杭州作汴州。

——林升《题临安邸》

1　归正人：南宋时，对北方沦陷区南下投奔之人的蔑称。

战场上刀风箭雨，每一步都走在血刃之上，哪料想最险恶的根本不是战场，而是深不见底、人心难测的官场。

第一个十年转瞬即逝，辛弃疾早已过了而立之年。公元 1174 年，一个秋风萧瑟的午后，他独自一人来到了建康的赏心亭，写下了这首令人深深感慨的《水龙吟》：

> 楚天千里清秋，水随天去秋无际。遥岑远目，献愁供恨，玉簪螺髻。落日楼头，断鸿声里，江南游子。把吴钩看了，栏杆拍遍，无人会，登临意。
>
> 休说鲈鱼堪脍，尽西风，季鹰归未？求田问舍，怕应羞见，刘郎才气。可惜流年，忧愁风雨，树犹如此！倩何人唤取，红巾翠袖，揾英雄泪！

正对着江南的楚天辽阔，他的心也随着江水飘向那盛满了无数热血回忆的远方。想当年，耿京正值壮年，揭竿而起，他带两千人马追随。内心坚定的两个人是如此幸运，遇到了彼此这个有着共同志向的生死战友；又是如此不幸，耿京被叛徒杀害，从此辛弃疾失去了灵魂挚友，也失去了合作伙伴。

所以多年后人们才明白，当年辛弃疾为什么能以五十人于五万军营中擒杀张安国，他何止是在惩罚叛徒，更是发泄心中所恨。多年的

努力功亏一篑——杀友之恨，毁大计之恨，破梦想之恨，恨到极限的爆发力是惊人的。

远方那金国占领区内重峦叠嶂隐约可见，好像也在跟他倾诉着故国的无限怨恨。鸿雁哀婉的鸣声在余晖中久久回荡，他仿佛看见了自己也如同那失去队友的孤雁漂泊异乡。手中的宝剑此刻形同虚设，他只能一次又一次狠狠地拍打赏心亭的栏杆，以此来遣散心中那遗憾与仇恨交织的复杂情绪。是的，除了耿京再也没有人可以理解——无人会，登临意。

此时此刻，他是多么羡慕西晋时的张翰——张季鹰啊，当年南方人张季鹰在洛阳做官，因为想念家乡的莼羹、鲈鱼美味，不惜辞官回南方家乡。可他自己呢？他也多么想在山东家里吃上一碗儿时吃过的饭啊！唉，这回不去的故乡啊。

他永远也不会像许汜那样只管自己到处买田置地，在雄才大略的刘备面前显得那般猥琐。是的，一己私利从来都不是他的志向。

可志向再远大又能怎样，也抵不过这流年侵蚀、岁月蹉跎。十年来，小苗早已成参天大树，少年也走向壮年，而自己却还在这里原地打转，巨大的挫败感和无力感一齐涌上心头。此刻也许只有请善解人意的多情歌女，以红巾翠袖温柔拭去他那英雄落拓、壮志难酬的悲愤热泪了。

都说英雄勇猛，可英雄的悲凉有几人能感知，英雄的落寞又有谁能体会？眼看着年华一点点褪去风采，再伟大的英雄也束手无策，无可奈何。

　　数年来，辛弃疾被南宋朝廷调来调去，一会儿调到江西，一会儿又派往湖北，屁股还没坐热，新的调令又到了，又收拾行装，带上一家老小，风尘仆仆赶往湖南。

　　既然不能去攻打敌军，那就做好眼前事。

　　优秀的人做什么都优秀——冲锋杀敌第一名，治理地方也是一把好手。

　　半年之内，辛弃疾就让荒僻之地滁州展现出崭新的面貌，还在湖南创立了飞虎军，一来对付地方悍匪，二来也可以作为强敌入侵时的备用部队。

　　这支军队在辛弃疾的操练下，仿佛又焕发了当年五十骑兵的勇猛精进精神，一时间竟令金人闻风丧胆。杰出的军事才能，文韬武略，说他是千年一遇的全才也不为过。

　　不能抗金杀敌，飞虎军对他而言也算是另一种方式的化解。他告诉自己，青山在，人未老，他还有机会。

　　他从未忘记自己的使命。

　　他仿佛又想起了来湖南赴任前的那个正月十五，整个临安城（今浙江杭州）火树银花，这是一年中仅有的一次全民狂欢时刻。

　　他走上街头，并入看烟火的人群，一束束缤纷的火光冲向夜空，瞬间不见了踪影。所有的人屏住呼吸等待，顷刻间铺天盖地的华彩点亮了整个夜色，还未等完全落下，另一束更大的花火又竞相绽放，星

星点点撒向大地，人群中的脸庞也在它的照耀下忽明忽暗。

车如流水马如龙，流行音乐伴随着热舞，路上盛装的女子三三两两结伴，发出清脆甜美的笑语……

回去以后，辛弃疾把当天的游记写了下来：

东风夜放花千树。更吹落，星如雨。宝马雕车香满路。凤箫声动，玉壶光转，一夜鱼龙舞。

蛾儿雪柳黄金缕。笑语盈盈暗香去。众里寻他千百度。蓦然回首，那人却在灯火阑珊处。

——辛弃疾《青玉案·元夕》

这首词用了大量笔墨来渲染繁华景象：花千树星如雨，车水马龙，笑语盈盈，却在最后一句急转直下，令人猝不及防，灯火阑珊，蓦然回首，所有的情绪冻结在这一刻。前面有多热闹，后面就有多孤独，多么强烈有力的对比。

千百年来，不知有多少人猜测"那人却在灯火阑珊处"中的"那人"究竟何许人也。有人说"那人"是辛弃疾的爱慕之人，有人说"那人"其实是城中百姓，也有人说"那人"不是某一个具体的人，而是一种灵魂的寄托。

这是个见仁见智的话题，每个人的理解不同，但对一生壮志难酬的辛弃疾来讲，一定不会是儿女情长这么简单。

敌人一步步逼近，而朝廷却懦弱到了极点。别看临安城内现在一片繁华，可他心里清楚，根本不堪一击。如此愤懑担忧，哪还有心思儿女情长？

这就是"牛人"视角，别人看到的是灯火，是热闹，可他看到的是南宋政权的岌岌可危，是朝廷那奄奄一息的火苗，他只恨自己无力改变这一切。

当周围是一片宝马雕车香满路，凤箫声动玉壶光转，一夜鱼龙舞的热闹，他却在千百次地寻找，而他一次又一次，费尽心血找寻的不是别的，正是那个走出半生，少年心依然不变的自己。

盛世繁华绚烂，也处处隐藏着危机，他就像那个唯一能洞见和预知未来的人，可是没人懂。

别人都在笑语盈盈，谈笑风生，他却在幽暗的灯火阑珊处独自舔舐伤口。他明明可以有更多的选择，但他无法说服自己坦然地站在投降派的一边。既然如此，就只能走上那条孤独的路。是的，王者向来是孤独的，只有牛羊才结队成群。

与孤独相伴的还有无限愁绪，几年后，他因与主政者政见不合，又一次遭到弹劾。已到中年，眼看复国无望，心灰意冷，可这一次他什么也不想说了："而今识尽愁滋味，欲说还休，欲说还休，却道天凉好个秋。"[1]

就算有天大的委屈，也一个字都不想说。

原来承受委屈的最高境界从来都不是解释，而是沉默。懒得说，无法说，心痛到说不出来。

1　辛弃疾《丑奴儿·书博山道中壁》。

6

对于辛弃疾这样的人中之龙，普通人的境界是无法与之相比的，什么样的人才能与辛弃疾产生共鸣？

南宋文学家、政治家陈亮就是辛弃疾生命中的一道光。

陈亮是主战派的代表人物之一，其曾祖父曾战死在抗金战争中，外曾祖父也曾是抗金战争中的功臣。跟辛弃疾一样，他们的家族几代人都对金国充满仇恨。

同为主战派，同样的政治立场，相近的年龄（辛陈只相差三岁），顶级的文化水准……很多的共同点让他们成为难得的知己好友。

公元 1187 年，一向主和的宋高宗赵构去世。主战派们仿佛看到了一丝希望。次年的冬天，年近五十岁的辛弃疾和陈亮在鹅湖相会，虽然天寒地冻，但他们热情似火，兴致勃勃地畅谈统一大业，剖析抗金计策与局势。

这世上还有什么比跟同频之人畅聊更快意的事情呢。

陈亮的昂扬斗志和坚定态度给了辛弃疾许多精神支持和安慰，也正是在这次会面后，辛弃疾写出了千古名篇：

> 醉里挑灯看剑，梦回吹角连营。八百里分麾下炙，五十弦翻塞外声，沙场秋点兵。
>
> 马作的卢飞快，弓如霹雳弦惊。了却君王天下事，赢得

生前身后名。可怜白发生。

——辛弃疾《破阵子·为陈同甫赋壮词以寄之》

酒醉后的辛弃疾借着烛光细细端详那柄许久不用的宝剑，多年前的记忆在这一刻涌入脑海。不知多少次他梦回军营，与将士们一起大块吃肉，在那振奋人心、雄壮有力的塞外音乐声里，检阅浩浩荡荡的军队。

飞身上马、搭弓射箭、冲锋陷阵、家国天下，他多么想统率三军，驰骋疆场啊。

可是这一切豪情都在他看到镜中的自己时戛然而止，那鬓角蔓延开来的白发好像在告诉他：他再也回不去了，就算是现在当局者醒悟，让他去大干一场，他也无能为力了。

铁骨铮铮、从不低头的硬汉此刻泪流满面，曾经的雄心壮志此刻也只化作了一句"可怜白发生"。

曾经所向披靡，忽然有一天无奈地发现，他没有败给敌人，却败给了朝廷，败给了岁月。

他可以笔伐敌对者，可是对岁月的无情，他无可奈何，只有叹一句：

平生塞北江南，归来华发苍颜。

——辛弃疾《清平乐·独宿博山王氏庵》

这满世界地忙活，忙活了一辈子，到头来除了一头白发，一无所

获，一无所成，一无所得。

就如当年被一贬再贬的苏轼，晚年曾自嘲："问汝平生功业，黄州惠州儋州。"意思是我这一生没干别的，就是被贬，再被贬，又被贬，贬到了海角天边。

英雄总是难逃岁月辜负，历史如此惊人地相似。

· 7 ·

公元 1203 年，终于传来了一个好消息：朝廷计划攻打金国了。而此时的辛弃疾已经六十三岁，这个年龄早已过了退休年龄，再神勇过人的武神也已到了迟暮之年。

这个时候才想起打，难道不是更令人气愤吗？二十多岁、三十多岁最能打的时候，死活没有机会，现在又逼着六十多岁的退休老人在最不利的作战条件下上战场。

朝廷对他的态度一百八十度大转弯，主战派韩侂胄作为总指挥也力荐辛弃疾出马。可是啊，做人真的不能太天真，这世上最忽悠人心的就是套路。朝廷只不过是想借助他的影响力，专权的韩侂胄更是既无能又自大。

经验丰富如辛弃疾，这样的军队还没开战，就预料到了它必将失败的结局，途经京口北固亭时，他写下了那首《永遇乐·京口北固亭怀古》：

千古江山，英雄无觅孙仲谋处。舞榭歌台，风流总被雨打风吹去。斜阳草树，寻常巷陌，人道寄奴曾住。想当年，金戈铁马，气吞万里如虎。

元嘉草草，封狼居胥，赢得仓皇北顾。四十三年，望中犹记，烽火扬州路。可堪回首，佛狸祠下，一片神鸦社鼓。

凭谁问：廉颇老矣，尚能饭否？

不夸张地说，这应该是辛弃疾所有词里情绪最复杂、最难讲解的一首词，几乎每一句都是典故，细讲起来，恐怕得讲几天，这里稍作解释。

当年英明果断的一代君主孙权已随风而去，那个平定众多地方势力以巨大军功终成霸业的南朝刘宋开国皇帝刘裕，曾经是多么气吞山河。可即使如此，他的儿子刘义隆在北伐中仍败得一塌糊涂，狼狈到仓皇北顾。那些超级帝王都尚且如此，回头看看自己，从当年袭击敌营后南下到现在，已经过去四十三载，当年的英武青年如今已经鹤发苍颜。由北向南，这一路走来，壮志难酬，不堪回首。可是即使如此，即使此刻岁月加身，那颗拳拳报国心却从未老去。

这一刻，辛弃疾看清了统治者的嘴脸，彻底心灰意冷。此后的三年，他又曾被数次任命，但他都一一推辞。

公元1207年，又一道调令启动，这一次等待他的是枢密都承旨（相当于外交官）的职位。但调令还在途中，辛弃疾已病入膏肓，不能起身。几个月后，一代英雄在病榻上高呼"杀贼"，而后溘然长逝。

他孤独地活着，又孤独地离去，却从未妥协。

他写得出："马作的卢飞快，弓如霹雳弦惊。"

也写得出："明月别枝惊鹊，清风半夜鸣蝉。"

他比任何人都更爱大宋的万里江山。

他恨不得将自己的心剖出来给世人看："唤起一天明月，照我满怀冰雪。"却在一次又一次的遗憾中度过余生："千古兴亡多少事？悠悠。不尽长江滚滚流。"

我们见过用笔做武器的文斗士，我们也见过戎马一生、刀枪在手的武将军，但辛弃疾这样笔和剑同时在手，并且把笔墨和刀剑都演绎到出神入化的文豪加战神，历史中恐怕也只有一个吧。

翻身上马，下笔成文，既能纵横沙场，又兼具文人情怀。随便拿出来一篇都是绝唱，更有铠甲下的铮铮铁骨，一身的英雄气，悲壮磊落。

他喊一声敌军瑟瑟发抖，他哭一声天地也怆然；他来时家国在遭难，他去时天下仍分裂。一生不屈，一世抗争，那些梦里千百度的恋恋不舍，那些欲说还休的无可奈何，都定格在历史中了。

陈亮称他："眼光有棱，足以照映一世之豪。背胛有负，足以荷载四国之重。"

刘辰翁说他："公一世之豪，以气节自负，以功业自许，方将敛藏其用以事清旷，果何意于歌词哉，直陶写之具耳。"

他就是辛弃疾，从未离开，从未远去，他永远都在那灯火阑珊处。

图书在版编目（CIP）数据

最是人间少年狂 / 桃气著. -- 北京：作家出版社，
2024.9. -- ISBN 978-7-5212-2972-1（2024.9重印）

Ⅰ. K825.6-49

中国国家版本馆 CIP 数据核字第 2024GG7175 号

最是人间少年狂

作　　者：桃　气
统筹策划：李　雯
责任编辑：郑建华　夏宁竹
插　　画：丁小鱼
装帧设计：青研工作室
出版发行：作家出版社有限公司
社　　址：北京农展馆南里 10 号　　　邮　　编：100125
电话传真：86-10-65067186（发行中心及邮购部）
　　　　　86-10-65004079（总编室）
E-mail:zuojia @ zuojia.net.cn
http://www.zuojiachubanshe.com
印　　刷：河北京平诚乾印刷有限公司
成品尺寸：152×230
字　　数：187 千
印　　张：17
版　　次：2024 年 9 月第 1 版
印　　次：2024 年 9 月第 2 次印刷
ISBN 978-7-5212-2972-1
定　　价：55.00 元